THINKr
新思

新一代人的思想

你的第一本哲学书

What Does It All Mean?

Thomas Nagel

[美] 托马斯 · 内格尔 著
宝树 译

中信出版集团 | 北京

目　录

致中国读者

谢谢您来信告诉我说，你们打算将此书译为中文出版，这让我非常高兴，但是您提到让我为中文版写一篇序，我恐怕不知该如何满足您的要求。我对中国哲学和中国文化知道得太少，所以不能特别对中国读者说些什么。或许我只能限于表达这样一个愿望：本书将传达在当代西方哲学中最为核心的东西——思想自由的理念。它会使读者感到，要评估每一种要求、每一条论证和每一套理论，并且尝试判断它们是否可信，最终依赖于每一个人自己的独立思考，而非听命于权威。

托马斯·内格尔

你的第一本哲学书

What Does It All Mean?

第 1 章

导言

本书是一部简明扼要的哲学入门，是写给第一次接触哲学的读者看的。一般说来，人们上大学之后才开始学习哲学，所以我想，本书的大多数读者都应该在读大学，或者已经从大学毕业。不过年龄问题与哲学学科的本质并无关系，要是有喜欢抽象观念和理论论证的聪明高中生能读到这本书，并且也能从中享受到哲学思考的乐趣，我会非常高兴的。

在系统学习关于世界的知识之前，我们的分析能力就已经高度发达了。大概十四岁左右，许多人就开始以自己的方式思考哲学问题了：什么东西真的存在？我们能知道任何东西吗？是否真的有是非对错？生命有意义吗？死亡是结束吗？几千年来，关于这些问题有许许多多哲学著作，但是哲学的源泉在于我们生活于其中的世界，以及我们与世界的关系，而不在于以往的著作。所以，即使是那些从未读过这类著作的人，也会一而再、再而三地想到这些问题。

本书直接介绍九个哲学问题，其中每一个都可以被独立地理解，而不必涉及思想史。本书不打算讨论过去伟大的哲学著作，也不讲这些著作的文化背景。哲学的核心在于一些特定的问题，在对这些问题进行反思时，人类的心灵就会自然而然感到困惑。开始学习哲学的最好方式就是直接思考这些问题。一旦你开始了这种思考，你就能够比以往更好地理解哲学家的著作，因为它们试图解决的也是相同的问题。

哲学不同于自然科学和数学。它不像自然科学那样依赖于实验或观察，而只是依赖思考；也不像数学那样有按部就班的证明方法。哲学思考的过程只是提出问题、论证观点、提炼出观念，同时又思考可能的反驳，并且试着发现我们的概念究竟是如何运作的。

我们每天都使用一些平平常常的概念，却从未加以反思；而哲学的主要工作就是去反思和理解这些概念。一个历史学家关心的是在过去的某个时间发生了些什么，但是一个哲学家会问："时间是什么？"一个数学家探索的是数之间的关系，但是一个哲学家会问："数是什么？"一个物理学家研究的是原子的成分是什么，或者重力是由什么引起的之类，但是一个哲学家会问："我们怎么知道在我们自己的意识之外，还有别的东西存在？"一个心理学家会探究，孩子是如何学会一门语言的，但是一个哲学家会问："是什么使得一个词具有意义的？"任何人都可以问，不买票溜进电影院是不是错误的，但是一个哲学家会问："是什么令一个行为有对错之分的？"

如果我们在一生的大多数时间里，不把时间、数、知识、语言、对错这些观念看成是天经地义的，我们就无法生活；但是在哲学中，我们探究的是这些观念本身，这是为了更深刻地理解这个世界以及我们自身。当然这并不容易。你要探究的概念越是基础，可以帮助你的工具也就越是匮乏。这里没有多少东西可以让你不假思索地相信，或者视为天经地义。所以说，哲学思考是一种多少让人感到晕头转向的冒险活动，并且其成果中也只有极少部分能够长期免于非议。

我相信，学习哲学的最好方式就是去思考特定的问题，所以这里也就不再赘述哲学的一般性质了。我们将要思考的九个问题如下所示：

1. 我们能否认识意识之外的世界？
2. 我们能否认识他人的意识？
3. 意识与大脑之间的关系是怎样的？
4. 语言如何获得意义？
5. 我们是否有自由意志？
6. 道德的基础是什么？
7. 何种不平等是不公正的？
8. 如何理解与面对死亡？
9. 如何思考人生的意义？

这只是从许许多多的哲学问题中挑选出的一部分。

关于这些问题，我所说的只反映我个人的观点，而并不一定代表大多数哲学家的想法。或许关于这些问题，大多数哲学家并没有一致的观点：哲学家总是彼此有分歧，并且任何一个哲学问题都不止有正反两面。我个人的看法是：这些问题中绝大多数都尚未被解决，并且其中一部分或许永远也无法解决。但是本书的目标并非是给出答案——即使是我本人认为正确的答案——而是以一种非常平易的方式把你引向这些问题，使得你能够自己思考这些问题。与其先学上一大堆哲学理论，不如先对这些理论所尝试解答的哲学问题产生疑惑。而产生疑惑的最好方式，就是考察一些可能的答案，然后看看其中问题何在。我会尝试着为这些问题留下进一步思考的余地，但是即使我说了我自己的看法，除非你觉得确实有说服力，否则也不一定要相信它。

有许多精彩的哲学导读书收有过去伟大哲学家的著作以及较晚近哲学作品的选段；这本小书并不打算取代那种导读的方式，但是我希望它能以一种尽可能清晰和直接的风格，让你对哲学有一个初步的印象。如果你读完了此书之后，还想要进一步深入了解，就会发现，关于这些问题除了本书中所提到的，还有许许多多更为复杂和深刻的内容。

第 2 章

外部世界是否存在？

如果你仔细思考，就会发现，你唯一可以确定为存在的，就是在你自己意识之内的东西。

你所相信的其他一切东西：太阳、月亮、星星、你住的房子和周围邻居、历史、科学和他人，甚至于你自己身体的存在，这一切必须都建立在你的经验、思想、感受和感官印象的基础上。这就是你可以直接依赖的一切，无论是你看到这本书在你手上时，或者感到地板在你脚下时，或者记起是牛顿发现了万有引力时，或者想到水的分子式是 H_2O 时，都是如此。除了你的内在经验和思想之外，其他一切都离你很远，并且只有通过你的内在经验和思想，才可能为你所知。

通常情况下你并不怀疑你脚下的地板、你窗外的树或者你自己的牙齿的存在。实际上，大多数时候你甚至根本不会去思考，是什么心理状态使得你意识到这些东西的。你似乎是直接意识到了这些东西。但是你怎么知道它们确实存在呢？

你可以尝试论证说，肯定有一个外在的物质世界，因为如果不是在你之外有东西可以发光或反光，将光照射到你眼睛里，并且使你产生了视觉经验，你就看不到建筑、人群和星星这些东西了。但是我可以简单地反驳说：你怎么知道这一点呢？你说的理由仍然是关于外在世界及你与外在世界间的联系的，而它必须建立在你的感官证据上。但是，你之所以能够用这些感官证据来说明视觉经验是如何产生的，只是因为你已经在意识中预设了外在世界的存在。但这一预设正是我们所怀疑的问题。如果你用自己的感觉印象去证明感觉印象的可靠性，你就是在循环论证，无法取得任何进展。

如果说实际上一切东西都只是在你的意识中存在，那么这些东西在你看来会有什么不同吗？很可能你把这些东西当作外在的真实世界，而它们不过是一场大梦或者一个幻境，你却永远无法从中醒来。不过如果是这样的话，你当然不可能“醒来”（不可能像你会从梦中醒来那样），因为这种幻觉意味着并没有一个可以让你醒来的“真实”世界。所以它和正常的梦或者幻象还有所不同。我们一般所认为的梦是这样的：人们梦见自己在大街上狂奔，身后追着一台杀人的割草机，而实际上这一切不过发生在他们脑海里，此时他们正躺在真实的房屋中一张真实的床上。我们也认为，人睡觉的时候，因为在大脑中发生了某些生理作用才会做梦。

但是难道你所有的经验不能是一场“大梦”吗，并且在这个梦之外并没有外在世界？你怎么知道事实并非如此？如果说你所有的经验都只是一个梦，其外一无所有，那么你所能用来证明外在世界存在的任何证据，都只是这个梦的组成部分而已。如果你敲敲桌子，或者掐自己一把，你会听到敲击声或感到疼痛，但是这只是在你意识内部所发生的事情，和其他一切事情一样。这种做法毫无用处：如果说你想要弄清楚，你意识之内的东西能否通向外在世界，那么为了得到答案，你就不能拿它们在你意识之内感觉到的模样做凭证。

但是还有别的什么东西可以依靠吗？你之所以能知道任何东西，都是通过你的意识才能知道。无论是通过哪一种形式：亲自感知、书本获知、他人所说或者自己的记忆无不如此。如果说除了你意识内的东西之外，全无他物存在，这和你所意识到的万物也并不矛盾。

你甚至可能根本没有身体或大脑，你之所以相信你有身体和大脑，不过是来自于你的感官印证。并且你从来没有见过你的大脑，你只是以为人人都有大脑，所以你也有而已。但是就算你见过，或者你以为你见过，那也只是另一种视觉经验而已。也许唯一存在的东西就是你，这一经验的主体，而根本不存在什么物质世界——没有星星，没有大地，没有人的身体，也许甚至连空间都不存在。

从中我们可以推出一个最为极端的结论：只有你的意识才是唯一存在的东西。这种观点被称为唯我论（solipsism）。但它非常冷僻，也没有几个人相信。你可以从我的口吻中看出，我并不持这一观点。如果我是一个唯我论者，多半就不会写这本书了，因为我不相信存在其他读它的人。不过从另一方面来讲，这和唯我论也并不完全相悖：我写这本书或许是为了让我的内在精神生活更加有趣，比如说感知到这本书被印出来，其他人阅读它，然后告诉我他们的感想等等。如果幸运的话，我甚至可以感觉自己拿到了版税。

或许，你是一个唯我论者。如果是这样的话，你会把这本书看作是自己意识的产物，只有当你阅读它的时候，在你的经验中，它才得以存在。很明显，无论我说什么，都不能向你证明我确实存在，或者证明这本书是一个实际存在的物体。

话说回来，你也没有充分的证据推出，你是世界上唯一存在的东西。如果你以在你意识之中的东西为基础的话，你也不可能知道在你意识之外就没有一个客观世界。或许更温和一些的说法才是正确的答案：你只能知道自己的印象和经验，除此之外就一无所知。或许有一个外在世界，或许没有。如果有一个外在世界的话，它和你所看到的世界或许完全不同，或许差可比拟，但是无论怎样，你都对此一无所知。这种观点被称为关于外在世界的怀疑论（skepticism）。

怀疑论还可能有一种更强的形式。通过同样的论证方式可以推出，你甚至不知道自己过去的存在与经验，因为你能够依赖的一切不过是你的意识当下呈现的内容，这也包括记忆的印象。如果说你不能肯定在你之外的世界现在是存在的，你又怎么能确定自己在现在之前是存在的呢？你怎么知道自己不是几分钟前才开始存在的，而一开始就有了现在的完整记忆？如果要证明你不可能是几分钟前才开始存在的，你只有把记忆当作是对过去所发生的事情的记录，而这一信念又依赖于过去的确有事情发生的信念。但是如果你相信过去的事情的确存在，而以此证明你在过去存在，这还是一个循环论证。你是已经假定了过去的真实性，用来证明过去的真实性。

看起来，除了你自己的意识当下的内容之外，你不能确定其他任何东西。并且看起来，任何论证都无法摆脱这一困境，因为这些论证总已把你所尝试证明的东西——即你意识之外的、外在世界的存在——设为前提了。

假如你论证说，一定有一个外在世界，因为你的所有经验总得有某种外在原因方面的解释，否则这些经验就是无缘无故地出现，这实在令人难以置信。怀疑论者能给出两个反驳。第一，即使真的有外在原因，你也不能从你的经验内容中发现这些原因是怎么样的，因为你从来没有直接观察过这些原因。第二，你凭什么认为，万事万物都该有一个解释呢？的确，从日常的、未经过哲学思考的世界观来看，你意识活动的过程至少部分是被外在的其他东西引起的。但是，如果你想要弄清楚，你怎么可能知道你意识之外的世界中有东西存在，你就不能预先假定这种因果关系是存在的。并且，如果只观察在你意识之内的东西，你也根本无法证明这条法则。无论你觉得这条法则如何合情合理，你又有什么理由相信它适用于外在世界呢？

在这个问题上，虽然科学看似可以提供一种有效的解决方式，但其实它也于事无补。在一般的科学思维中，我们要依赖于普遍的解释法则，以便从世界最初看上去的样子，过渡到关于它实际面目的概念。我们尝试用理论术语去解释现象，这些理论术语被认为是描述了现象后面的“实在”，而这种“实在”我们是不能直接观察到的。以此方式，物理学和化学推论说，我们所看到的、周围的一切东西都是由不可见的微小原子构成的。我们是否能够论证，我们之所以相信外在世界存在，就像相信原子的存在一样，有着同样的科学的支持呢？

怀疑论者的回答是，科学推理的过程同样落入了前面提过的、怀疑论所质疑的窠臼：科学也和感知一样不可尽信。即使科学观念会从理论上很好地解释我们的观察，可是我们又怎么知道在我们意识之外的世界对应于这些科学观念呢？如果我们不能够建立起我们的感官经验和外在世界之间的可靠联系，我们也就没有理由去信赖在这一联系之上建立起来的科学理论。

对这一问题还有一种非常不同的回答。一些人论证说，我所谈到的激进怀疑论是没有意义的，因为如果说有一个永远没有人能够发现的“外在实在”，这个观念是毫无意义的。具体论证如下：如果你做了一个梦，你就能够从中醒来，并且发现自己刚才睡着了，这才叫做梦；如果你看到了一幕幻象，其他人（或者你本人过一会儿）就能够看出它不是真的，这才叫幻象。不对应于实在的印象和现象必须与那些对应于实在的其他印象和概念相对而言才有意义，否则在现象和实在间的区分也就没有意义了。

根据这种观点，一个你永远不可能从中醒来的梦压根就不是梦：它就是实在——你生活于其中的真实世界。关于存在的东西的观念也就是关于能够被观察到的东西的观念。[这种观点有时被称为确证论

(verificationism)。] 有时候我们的观察是被歪曲的，但是这意味着它们能够被其他的观察所纠正。例如你从一个梦中醒来，或者发现你觉得是一条蛇的东西其实是草丛上的阴影，就是这类纠正。但是如果根本没有一种关于事物究竟如何的正确观点，说你关于世界的印象是不真实的，也就毫无意义。

如果这种论证是正确的，那么怀疑论者认为他能够设想只有他的意识存在，就是自欺欺人。这是因为，除非有某些人能够观察到物质世界并不存在，否则就不能说它是不存在的。而怀疑论者所尝试设想的，恰恰是没有人能够观察到物质世界或者是别的什么东西，每个人所能观察到的只是他自己及在他意识内的东西而已。因此唯我论是无意义的。它想要从人的各种印象整体中抽掉外部世界；但是它失败了，因为一旦外部世界被抽掉，这些印象就不仅仅是印象，而成了对实在的感知。

这一反对唯我论和怀疑论的论证可以成立吗？只有当“实在”[1] 可以定义为“我们能够观察到的东西”

1 对于初学者，可以简单把“实在”理解为“现实”，从而这里讨论的问题相当于：“现实”仅仅是我们（或任何动物）能感观察觉到的东西吗？——编者注的情况下才能成立。但是问题在于，如果有一个真实的世界或者一个事实，却没有任何人或任何动物能够观察到它，这样一个世界的观念我们就真的不能理解吗？

怀疑论者会说，如果有一个外在世界，那么其中的东西是因为它们存在，所以才能被观察到，而不是反过来，因为被观察到才存在：存在并不等于可观察性。虽然我们认为，当我们能够观察[1]到我们的经验和实在之间的差别时，才有了梦和幻象这样的观念，但是看起来，即使经验和实在间的差别不能够被观察到，梦和幻象的观念仍然可以推而成立。

如果这是正确的，那么看起来，认为世界一无所有，只是在你的意识中存在，这种观点也并非是无意义的。尽管无论是你还是其他人都不可能发现这一点是真是假。而且，如果这不是无意义的，而是你必须思考的一种可能性，那么似乎就没有办法证明它是错误的，因为一切如此尝试的论证都只是循环论证而已。所以你可能无法跳出自己意识的牢笼。这一点有时候称为“自

1　这里的“观察”以及“可观察性”不仅仅涉及视觉，应理解为只要能够被人（或动物）的某一感觉感知到的，都是“可观察的”。——编者注

我中心困境（egocentric predicament）”。

不过说到底，我必须承认：实际上，你不可能真的相信自己周围的东西可能并不真正存在。我们对于外在世界存在的信念是发自本能和坚定有力的：我们不可能经过一番哲学论证就丢掉这个信念。我们不仅是表现得好像其他人和事物存在一样，我们也的确相信他们存在——虽然上述的哲学论证告诉我们，这一信念并无根据（在我们关于世界的整个信念体系之内，关于某些具体东西的存在的具体信念，我们可以是有根据的：譬如，根据种种迹象我们知道，面包盒里藏着一只老鼠。但是这种根据事先已经预设了外在世界的存在，并不是我们要用来证明外在世界存在的根据）。

如果说我们自然而然就相信意识之外的世界存在，也许并不需要为此寻找根据。我们可以就这么相信着，并且当自己是对的。这事实上也正是绝大多数人所做的：虽然他们不能够提出反对怀疑论的理由，因而放弃了证明世界存在的尝试，他们也不愿意承认怀疑论。但是，这也就意味着，我们虽然可以坚持关于这个世界的大多数通常信念，却不得不面对两个事实：一是这些信念可能全是错的；二是我们无法排除这种可能。

这就给我们留下了如下三个问题：

1. 如果说你意识之内的东西是唯一存在的东西，或者说即使有一个你意识之外的世界，这个世界也和你所相信的世界大相径庭，那么这种说法是有意义的吗？

2. 如果这些可能性是存在的，你是否有任何方法向自己证明它们实际上并不是真的？

3. 如果你不能够证明在你的意识之外还有别的东西存在，而继续相信外在世界的存在，这是合理的吗？

第 3 章

他人的意识

即使你假定自己的意识不是唯一存在的东西，假定你“觉得”自己所看到的和感到的东西，即周围的物质世界和自己的身体的的确确存在，仍然还有一种特殊形式的怀疑论是需要考虑的。这种怀疑论认为，在你自己的意识之外，其他人的意识或经验的性质，甚至它们是否存在，都值得怀疑。

我们对于在别人的意识中所发生的事情究竟知道多少呢？很显然，你只能观察到人类以及其他动物的身体。你看到他们做的事情，听到他们讲的话和发出的其他声音，并且看到他们如何对自己的环境做出反应——什么东西令他们趋之若鹜，什么东西又令他们唯恐避之不及，以及他们吃什么东西，等等。你也能把其他生灵的身体给剖开，看到他们的身体内部，或许可以将他们的身体结构与你自己的做个对比。

但是这些都不能使你直接接触到他人的经验、思想和感觉。你唯一能真真正正地拥有的只是你自己的经验。如果你相信他人也有意识，或者对他们的意识有所推断，你要首先通过观察他们的生理构造和身体行为，才能知道这一点。

举个简单的例子：当你和朋友一起吃巧克力冰激凌的时候，你怎么知道他所尝到的冰激凌味道和你尝到的一样呢？你可以试着尝尝他的冰激凌，但是即使它尝起来和你的冰激凌的味道一样，这也只意味着：**对你来说**，二者的味道是一样的；你并没有体验到，**对他来说**，冰激凌的味道究竟如何。看上去，根本无法把两个人的味觉经验直接放在一起进行比较。

好，你大可以说，因为你们都是人，并且你们都能把不同的冰激凌的味道区别开来，比如说当你们闭上眼睛的时候，你们都能说出草莓冰激凌和香草冰激凌区别何在，所以说你们的味觉经验就应当是相同的。但是你怎么知道**这一点**的？你在一种冰激凌和一种味道之间所察觉到的联系只是对你而言的，那么你有什么理由认为，其他人所察觉到的联系和你所察觉到的相同呢？要是他所尝到的巧克力味和你所尝到的香草味一样，而他所尝到的香草味又和你所尝到的巧克力味一样，这不也完全说得通吗？

关于其他种类的经验也有同样的问题。你怎么知道红色在你朋友看来不像是你所看到的黄色？当然了，如果你问他一辆消防车看起来是什么颜色的，他会说是像血一样的红色，而不是像蒲公英一样的黄色。但那是因为他像你一样，用“红”这个词来指血、消防车在他看来的颜色，不管那颜色究竟如何。也许在他看来那是你叫作黄色的颜色，也许是你叫作蓝色的颜色，也许是一种你从来没有过的、想也想不到的色觉经验。

为了否定这一点，你必须假设，感官上的特定生理刺激总是以独一无二的联系产生出特定的味觉和色觉经验，不论感受到这些经验的人是谁。不过怀疑论者会说，你没有证据做这样的假设，并且因为这种假设本身的类型，你也不可能有任何证据：你所能观察到的一切联系都只是在你自身的经验之内的。

面对这样的论证，你也许会首先退一步说，这里的确有一些不确定的成分。外在刺激与内在经验之间的关系或许并不是在每个人身上都一模一样：可能两个人对于同一种冰激凌的色觉或味觉经验会有微小程度的差异。实际上，因为人们彼此之间的生理构造就不同，这点也不足为奇。但是你或许会说，这种彼此经验中的差异不可能太彻底，否则我们就能够察觉到了。比如说，对你的朋友来说，巧克力冰激凌的味道尝起来不会是你尝到的柠檬的味道，否则他一吃就会酸得龇牙咧嘴的。

但是请注意，这一论证预设了人们身上的另一种关联：内在经验和特定的可观察到的反应之间的关联。在此，同样的问题又出现了：你在自己身上观察到了龇牙咧嘴的表现和你自身经验中称为“酸”的味道之间的联系，但你怎么知道别人身上也有同样的联系呢？也许让你朋友龇牙咧嘴的，恰恰是你喝麦片粥时的味觉体验呢。

本来我们所谈的只是一种温和的怀疑论，关于巧克力冰激凌在你和你朋友尝起来是不是同一个味道，但是如果我们毫不松懈地进一步追问这类问题，我们会进入一种彻底得多的怀疑论：在你的经验和他的经验中是否有**任何**相同之处？甚至于你怎么知道当他把什么东西放进嘴里的时候，他的感觉是你称为**味觉**的感觉呢？或许那种感觉是你听到某种“声音”的体验，或者也许它不像你曾经体验过的任何感觉，而且根本想象不到。

如果我们更进一步推理下去，最终会得到一种关于他人意识的、最最彻底的怀疑论。说到底，你怎么知道你的朋友是有意识的？你怎么知道在你自己的意识之外，还有任何别的意识存在？

你以为，在意识、行为、身体结构和物质环境之间有一种关联，但是对于这种关系，你所能观察到的唯一直接例证就是你自己。即使说他人及动物根本没有任何经验，没有任何一种内在意识，而只是比较精致的生理机器，但是你也根本看不出其中有什么区别。所以，你怎么知道它们不统统是自动机，而是有意识的？你怎么知道你周围的人和动物不是毫无意识的机器人（机器动物）？你从来就没有进入过它们的意识，并且也不可能进入，而它们的身体行为可能全部都是由纯粹的物理原因造成的。也许你的亲人、你的邻居、你的猫和你的狗根本没有任何内在经验。而就算他们有，你也无从知晓。

你根本不能说，人们的行为，或者人们会说话能够证明他们是有生命的。因为这就已经预设了，在他们身上，外在行为是和一定的内在意识经验联系在一起的，就好像在你身上，二者是联系在一起的那样；而你并不知道是否如此。

想象一下，你周围的人可能都是没有意识的，这会让你觉得十分不可思议。一方面来说，你可以这么设想，并且你没有任何证据否决这一点。另一方面来说，你又不能真正地相信他人都没有意识：你发自本能地就相信别人的身体是有意识的，别人的眼睛是能看见的，别人的耳朵是能听到的，等等。但是，如果说你的“相信”只是一种本能，那还能算知识吗？一旦你承认，相信他人有意识的信念有可能是错误的，那么你为了给这种信念做辩护，就需要某些更加有力的证据。

这个问题还有一种反面的推理，而从这个推理出发，我们会得出一个与上述完全相反的结论。

一般来说，我们相信其他人是有意识的，而且几乎所有人都相信哺乳动物和鸟类也是有意识的。但是说到鱼、昆虫、蠕虫或者水母有没有意识，人们就意见不一了。至于阿米巴虫、草履虫之类的单细胞动物有没有意识经验，就更令人怀疑了，尽管这些动物也对各种各样的刺激有明显的反应。绝大多数人相信，植物是没有意识的；几乎没有人相信石头、纸巾、汽车、高山湖或者香烟是有意识的。再举一个生物的例子来说，我们中绝大多数人会说，组成我们身体的单个细胞是没有意识的。

但是你怎么知道所有这些事情的？你怎么知道当你砍下一根树枝的时候，不会伤到那棵树——难道仅仅因为它不能动，无法表达它的痛苦（或者也许它喜欢你剪它的树枝）？你怎么知道当你跑上楼梯的时候，你心脏里的肌肉细胞不会感到疼痛或刺激呢？你怎么知道被你拿来擤鼻涕的纸巾不会有什么感觉？

并且关于电脑又怎么说？假设电脑已经高度发达，能够用来控制一种外表很像狗的机器，让它以一种非常复杂的方式对环境做出反应，并且在各个方面表现起来十足是条狗，而它内部不过是一堆电路和芯片，那会怎样？我们又如何能得知这种机器是否有意识呢？

当然了，这些情况彼此不同。如果一个东西不能动，它就不能给出任何行为的证据，证明它有感觉或感知。并且，如果它不是个自然有机体，它的内部结构也就和我们根本不同。但是我们有什么根据认为，某种东西必须要有在某种程度上与我们相似的行为，或是多少与我们相似的身体结构，才能够拥有某种经验？也许树的感觉方式和我们根本不同，但是我们也无法发现，因为我们无法发现对它们而言的、内在经验和外在表现或物理条件之间的关联。只有当我们同时能观察到经验和外在表现时，我们才能发现这种关联。但是除了我们自己的经验，我们无法观察到其他经验。同理，如果任何他人或动物没有意识，我们也无法观察到这种缺失，从而无法观察到它们没有任何这类关联。你不能说切开一棵树看看，就知道它没有意识经验，也不能说切开一条虫子看看，就知道它有意识经验。

因此问题就在于：除了你知道你有一个有意识的头脑之外，关于外在世界中有意识的生命的情况，你能知道些什么呢？是否可能，有意识的生命比你设想的要少得多（除了你自己的意识之外再没有别的意识），或者要多得多（即使你认为是无意识的东西实际上也是有意识的）？

第 4 章

身—心问题

现在让我们忘掉怀疑论，姑且认为物质世界——包括你的身体和大脑——是存在的；并且把关于他人的意识的怀疑论搁在一边，你我彼此都认为对方是有意识的。现在的问题是：在意识和大脑间有什么关系呢？

人人都知道，意识活动依赖于身体活动。你要是扎一下脚趾就会感到疼痛。要是闭上眼睛就看不到眼前的东西。要是咬一口好时巧克力，就会尝到巧克力的味道。要是有人在你脑袋上猛击一下，你就昏倒了。

这些证据表明，在你的心灵或意识中所发生的活动对应于你脑中的生理反应（如果你的腿和脊柱中的神经没有把刺激从脚趾传到脑部，就算扎你的脚趾，你也不会感到疼痛）。我们不知道当你想“不知道今天下午有没有时间去理发”时，在你脑中发生了些什么。但是我们可以相当确定，在你脑中一定发生了些什么事，譬如构成你大脑的亿万细胞中的某些化学和电反应。

在某些情况下，我们知道大脑如何影响意识，以及意识如何影响大脑。譬如我们知道，刺激后脑的特定脑细胞，会产生出视觉体验。并且我们知道，你如果决定再吃一块蛋糕，你脑中的特定细胞会向你胳膊上的肌肉发送神经脉冲。我们不清楚很多具体细节，但是很明显，在你意识中所发生的事情和你脑中的生理作用之间有着复杂的联系。目前为止，这些都属于科学，而非哲学。

但是关于意识与大脑之间的联系也有一个哲学的问题，即：你的意识是某种与你的大脑不同的东西（尽管它和你的脑相联系）呢，还是就是你的大脑本身呢？你的思想、感受、感知、感情和愿望等等，是附加在你的大脑中所发生的生理过程之上的东西呢，还是本身就是这些生理过程呢？

譬如说，当你咬一口巧克力的时候，发生了些什么？巧克力在你的舌头上融化，并且在你的味蕾中引起了化学变化；味蕾发送某种神经脉冲，沿着你的神经从舌头传到脑部，当它们到达脑部时引起了进一步的生理变化，最后，你尝到了巧克力味。那是什么？它只是一种在你某些脑细胞中发生的生理事件吗？或者，它是某种完全不同种类的东西？

如果一个科学家在你吃巧克力的时候把你的头盖骨打开，并且观察你的大脑，他所能看到的不过是一堆灰色的神经元。如果他用工具去探测在大脑里面发生了些什么，他会发现许多不同种类的生理作用。但是他能发现巧克力的“味道”吗？

看起来，他不可能发现这一点，因为你品尝巧克力的经验以一种特定的方式被嵌入到你的意识里，使得它不可能被其他任何人观察到，即使他打开你的头盖骨，观察你的大脑也是徒劳。你的经验在你的意识里，这种内在性和你的大脑在你的脑袋里不是一回事。别人能打开你的脑袋，观察里面的大脑，但是他们不能够打开你的意识，观察里面的内容，至少不能像打开你的脑袋那样去打开你的意识。

这不只是因为巧克力味是一种“味觉”，因此不能被“看到”。设想有一个科学狂人，他为了观察到你品尝巧克力的经验，居然在你吃巧克力的时候舔你的大脑，想以此方式得知你的味觉体验。但是首先，你的大脑舔起来根本就不是巧克力味，但就算它是巧克力味的，他也并没有进入你的意识，观察到你尝巧克力的经验。他只是非常奇怪地发现，当你尝巧克力的时候，你的大脑发生了某种变化，以至于其他人舔起来像是巧克力的味道。他尝到的巧克力味是他的体验，而不是你的。

如果说在你的经验中所发生的事是以一种特殊的方式内在于你的意识，而发生在你大脑中的事并非如此，那么看上去，你的经验和其他的意识状态不可能只是你脑中的生理状态。你不只是你的身体和运转的神经系统，而有某种更多的东西。

一个可能的结论是，存在着一个灵魂，以一种特殊的方式附着在你的身体上，以至于二者可以相互作用。如果这是正确的，那么你就是由两种极为不同的东西组成的：一个复杂的生理有机体，加上一个完全精神性的灵魂［出于明显的理由，这种观点被称为二元论（dualism）］。

但是许多人认为，相信灵魂存在的说法早就过时了，并且是不科学的。世界上其他一切东西都是由物质材料构成的，只是同一些化学元素不同的组合而已。为什么我们不是如此？精子和卵子在受精的时候结合起来，产生出一个单个的细胞，然后再经由一个复杂的生理过程长成了我们的身体。在单细胞长成人体的过程中，胳臂、双腿、眼睛、耳朵和大脑逐渐成长出来，让我们能够移动、能够感觉、能够看到东西，最后能说话和思考。一些人认为这个复杂的生理过程本身就能够产生出有意识的生命。为什么不会是这样呢？无论如何，难道说单凭哲学论证就能否认这一点吗？哲学不能告诉我们星星或者钻石是由什么构成的，那么它怎么能告诉我们人是否是由某种东西构成的呢？

认为人只是由物质材料构成的，而人的精神状态只是他们大脑的生理状态，这种观点被称为物理主义（physicalism）［或者有时候被称为唯物主义（materialism）］。物理主义者并没有一种特殊的理论说明，在脑中的何种反应能够等于尝巧克力的体验。但是他们相信，精神状态只是脑的状态，并且没有哲学的理由可以否决这一点。科学将会发现有关的细节。

物理主义的观念是这样的：我们可能发现意识经验实际上是脑部的生理作用，正如科学研究往往会揭示出，一些熟悉的东西的真实本质，其实是我们过去根本意想不到的东西。比如说，人们发现钻石是由碳元素构成的，就和煤一样，只不过原子排列有些不同。又如，众所周知，水是由氢和氧构成的，但是这两种元素单独看来，根本一点也不像水。

所以，虽然主张尝巧克力的经验只不过是你脑中复杂的生理事件这一点听起来挺奇怪，但是也不比人们发现许许多多普通的东西具有出人意料的真实本质这一点更让人奇怪。科学家已经发现了光是什么，植物如何生长，肌肉如何运动，那么发现意识的生理本质也不过是时间问题而已。这就是物理主义者的想法。

一个二元论者可能反驳说，意识与其他的东西不同。譬如，当我们发现水的化学构成时，我们所处理的是某种外在物质世界中的东西，某种我们看得见摸得着的东西。当我们发现水是由氢和氧构成的时候，我们不过是把一个外在的物质实体分解成更小的物质成分而已。其中的关键点在于，化学方式无法分解掉我们所感知到的水的外观、触感和味道。后者发生在我们的内在经验中，而不是在我们将其分解为原子的水中。对水的物理分析或化学分析并不是分析我们关于水的经验。

但是要揭示出尝巧克力的体验只是一种脑部作用，我们就必须从某些物质部分的角度，去分析某种精神性的东西——不是一个外在的、被观察到的物质实体，而是一种内在的滋味感觉。而一种滋味感觉是不可能由许许多多脑中的物理事件构成的，不管这些事件有多么复杂。一个物质的整体能够被分解成较小的物质部分，但是一个精神状态不可能被分解成物质的部分。不可能把物质部分加起来，加成一个精神性整体。

在二元论和物理主义之外，还有另外一种可能的观点。二元论者认为，人的构成是一个身体加上一个灵魂，而精神活动在灵魂中发生。物理主义认为，精神活动就是由脑中的生理作用构成的。但是另一种可能是，虽然精神活动发生在大脑中，但是经验、感受、思想和欲望这一切却并不是你脑中的物理作用。这也就意味着，你颅骨中那堆亿万神经细胞的灰质并非只是物质存在。它有很多物质属性，例如其中发生的大量化学和生物电反应，但是在其中也有精神的作用在进行着。

这种观点认为，脑是意识的发生地，但是它的意识状态并不仅仅是物理状态。这一观点被称为“双面论（dual aspect theory）”。按照这种理论，当你咬一口巧克力的时候，在你的脑中就产生了一个状态或作用，它有两个方面：一个物质方面，包括许多不同的化学和生物电反应，以及一个精神方面，即对巧克力的味觉体验。当这个作用发生的时候，科学家如果观察你的大脑，只会看到物质方面，但是你自己却可以从内部感受到精神方面：你会有尝到巧克力的感觉。如果这是真的，那么你的脑自身就有一个内在的方面，这个方面是不可能被外在的观察者看到的，即使他把它切开也没用。一旦在你脑中某种作用以特定的方式发生，你就会有感觉和味觉等等。

我们可以这么表述这种观点：你并不是一个身体加一个灵魂，而只是一个身体，但是你的身体，或至少是你的脑，不仅仅是一个物质系统，它同时有物质和精神两个方面，它可以被拆解掉，但是它有一种内在的方面，是不可能通过拆解而暴露出来的。你之所以在这个内在方面有尝到巧克力味的体验，是因为当你吃巧克力的时候，就产生出了某种大脑的状态，这种状态就其内在方面而言，就是吃巧克力的体验。

物理主义者相信，唯有能够被科学地加以研究的物质世界才是存在的，这就是客观实在的世界。但是这样一来，他们就得为人的感受、欲望、思想和经验等等，在物质世界上寻找容身之所，这可并不容易。

一种为物理主义做辩护的理论认为，你的精神状态的本质在于这些状态与引起它们的东西以及与它们引起的东西之间的关联。比如说，当你撞疼了你的脚，并且感觉到疼痛的时候，这种疼痛就是某种在你脑中所发生的事件。但是它的疼痛性虽然不只是其物理表现的总和，却也并非某种神秘的、非物质的属性。毋宁说，它是一种脑的状态，这种状态通常是由伤害引起的，并且通常使得你捂着脚一边跳一边呼痛，躲开弄伤你的东西，恰是这种状态的关联使得它成为一种疼痛。而这可以是你脑的一种纯粹的生理状态。

但是这些条件看起来并不足以构成一种疼痛。的确，疼痛是由伤害引起的，并且它使你一边跳脚一边呼痛。但是看起来，它也以某种特定的方式被感到，而这个“感到”看起来与一切因果联系都不同，也不同于疼痛的一切物理属性，如果说“疼痛”的确是在脑中所发生的事件的话。我本人相信，这种疼痛的内在方面以及其他意识经验，无论用多么复杂的、物理刺激与行为之间的因果关系系统，都是无法被充分地化解掉的。

看起来，在世界上有两种完全不同种类的东西：一是属于物质实在的东西，许许多多不同的人都能够从外部观察这些东西；二是另外一些属于精神实在的东西，我们每个人都从他自身的内部经验到这些东西。这不仅仅是对人类才成立，狗、猫、马和鸟类看起来也是有意识的，鱼、蚂蚁和甲虫可能也一样。谁知道究竟哪些东西有意识呢？

为什么把一大堆物质元素以某种方式放在一起，不仅会产生出一个自己运转的生物有机体，而且能产生出一个有意识的存在者？除非我们能解释这一点，否则就不可能适当且普遍地把握这个世界。如果意识自身能够等同于某种物理状态，那么就有可能找到一种统一的物理理论解释心—身关系，因而可以解释整个宇宙的理论就成为可能。不过反对把意识仅仅视为一种物理状态的理由非常有力，因此看起来不可能用一种物理理论解释现实世界的全部。自然科学虽然有了长足的发展，然而它排除了意识的问题而不加以解释。但是这个世界上或许有某些东西，超出自然科学所能理解的内容。

第 5 章

词语的意义

一个词就是一串声音或者纸上的一组符号，它是如何具有意义的呢？有一些词，像“嘭嘭”或“嘘”这样的拟声词，发音很像它们所指代的东西（声音），但是一般说来，一个名称和用该名称所指的东西往往毫无相似之处。一般的词语和事物之间的关系一定和拟声词和所拟的声音之间的关系完全不同。

词语有许多种类：一些词是人或事物的名称，一些词用来命名性质或活动，另外一些词是指事物或事件之间的关系，还有一些词指的是数、地点或时间，最后，一些像“和”及“的”之类的词，仅仅是在一个陈述或问句中才有意义，因为它们是这个句子意义的组成部分。实际上，一切词语都是这样才发挥作用的：它们的意义实际上在于他们使得句子或表达有意义。词语一般用来说话和写作，而不仅仅是被当作标签。

不过虽然如此，我们仍然要询问，一个词如何能具有意义。一些词能够用另一些词来定义，譬如说：“正方形”的定义是“有四条边的等边等角平面图形。”并且这个定义中的大多数词也能够被定义。但是定义不能充当一切词语意义的基础，否则我们就会陷入无穷的定义循环。最后我们必须要达到一些不必借助定义，而直接就能够具有意义的词。

举一个简单的例子来说，“烟草”这个词是指一种特定的植物，我们中的大多数人都不知道它的拉丁学名怎么说，但是却都知道它的叶子被用来做雪茄和香烟。我们都见过和闻过烟草，但是我们用这个词，并不只是用来指你见过的烟草，或者当你用这个词时周围的烟草，而是指所有的烟草，无论你知不知道它们的存在。可能有人给你看了些烟草的“样本”，让你学到了这个词，但如果你只是把“烟草”理解为自己见过的烟草样本，你就没有理解“烟草”这个词。

所以如果你说“我想知道去年在中国被抽掉的烟草数量，是不是比在整个西半球被抽掉的还要多”，这个问题不仅有意义，而且有答案，即使你不知道答案为何。但是这个问题及其答案之所以有意义，是因为当你用“烟草”这个词的时候，指的是世界上的，过去、现在和未来所有的烟草，包括去年在中国被抽掉的每一根香烟中的烟草，以及在古巴被抽掉的每一根雪茄中的烟草，等等。这个句子中其他的词限定了“烟草”这个词指向特定的时间和地点的烟草，但是我们能用这个词来提这样的问题，只是因为它超出了你所见过的一切烟草的样本，而涵盖了一个极其广大的范围，而在此范围内又有特定的对象。

这个词如何能做到这一点呢？一个单纯的声音或者笔迹怎么可能涵盖这么大的范围呢？显然不是因为它的声音或者形象，并且也不是因为你所见过的相对不多的烟草，以及当你念出、听到或读到这个词时周围的烟草。有某种别的东西在起作用，这是一种普遍的东西，它适用于一切使用这个词的人。你我从未谋面，并且见过的烟草品种各不相同，却都使用这个词以表达相同的意义。如果我们都用这个词询问关于中国和西半球的烟草问题，我们问的就是同一个问题，并且答案也相同，而且一个说俄语的人能用俄语中的“烟草”一词，表达同样的意义，询问同样的问题，虽然其发音和书写完全不同。而“烟草”一词与其所指的对象之间的关系，也正是其他的词与其对象之间的关系。

我们很自然会想到，“烟草”一词与过去、现在、未来一切这类植物、香烟和雪茄之间的关系是间接的。你所用的这个词，背后有某种别的东西——一个概念、观念或思想，是这背后的东西以某种方式涵盖了全宇宙的烟草。但是这又引起了别的问题。

首先，这个“中间人”是个什么东西？它是在你意识中的某种东西吗？或者它在你意识之外，而你以某种方式抓住了它？它看起来是你、我和一个讲俄语的人都能抓住的东西，靠着它，我们才能用各自表示“烟草”的词去指同样的东西。但是既然我们关于这个词以及这种植物的经验各不相同，我们又是如何做到这一点的呢？要解释为什么我们都能够以不同的方式使用这个词，去指同样的范围广大、数量众多的物品，这不仍是困难重重的吗？以前我们要弄清这个词如何表示一种植物或物品，现在要弄清这个词如何表示观念或概念（不管那是什么），这不是同样困难吗？

不仅如此，而且还有一个问题：这个观念或概念是如何与一切实际的烟草联系在一起的呢？究竟是什么使得它可以与烟草发生独一无二的联系，而不与其他任何东西相联系呢？这看起来是难上加难了。我们试着把烟草的**观念**或**概念**插入到“烟草”这个词和烟草这东西之间，以解释二者之间的联系，结果却是还需要进一步解释词语和观念，以及观念和物品之间的关系。

无论是否有观念或概念，问题看上去是这样的：当人们使用一个词的时候，涉及的是特别的声音、符号和例子，但是这个词指的是某些普遍的东西，而其他个人使用这个词或其他语言中相应的词，也可以指同样的东西。当我说“烟草”的时候，我发出的这个特殊的声音指的是极为普遍的东西，以至我可以说“我敢打赌两百年后火星上的人还会抽烟草”，这如何可能呢？

也许你认为，这一普遍的因素来自于当我们用这个词的时候，在意识中所共同拥有的某种东西。但是我们在意识中共同拥有的东西是什么？至少在意识中，当我想到“烟草每年都涨价”的时候，除了“烟草”这个词本身，我并不需要想到其他任何东西。当然，当我用“烟草”这个词的时候，我可以在脑海中想到某种意象，或许是一棵植株，或许是某些干叶子，或许是香烟里面的东西。但是这一点仍然不能够解释这个词意义的普遍性，因为任何这样的意象都只是一个特殊的意象。它只是某个特殊的烟草样本的形象或气味的意象，又怎么可能包括一切真实的和可能的烟草？并且，即使当你听到或用到“烟草”一词的时候，心里会出现某个特定的图像，其他人心里的图像也可能完全不同；但是这并不妨碍我们用这个词表示同样的意思。

意义的神秘之处在于，它看上去并不在任何地方：它既不在词语中，也不在意识中，更不在某个在词语、意识和所谈论的事物之间盘旋的独立的概念或观念中。虽然如此，我们却时时处处使用着语言，它使得我们能够思考复杂的思想，这些思想涵盖了广袤的时间和空间。你能够谈论在冲绳岛上有多少人超过一米五高，或者在其他星系里是否有生命。此时你所发出的那一连串声音就成为句子，这些句子有对有错，其对错依赖于一些复杂事实而定，而这些事实涉及某些远在天边的、你或许永远不可能直接碰到的东西。

你也许觉得我把语言的普遍涵盖性说得太过头了。在日常生活中，我们用语言所表达的大多数命题和思想要具体和特殊得多。当我们说“在银河系中，钠和氯合成为盐已经有多长时间的历史了？”，这涉及“盐”一词的普遍意义；但如果我说“把盐给我”，而你把盐递给我，却并不需要涉及该词的普遍意义。词语常常只是被用来作为人与人之间联系和沟通的工具。如果在一个公共汽车站，你看到一个穿裙子的小人像，旁边有一个箭头，你就知道在箭头所指的方向上，不远处有个女盥洗室。是否大部分语言都与此相似，只是一个信号—反应系统呢？

不错，或许语言中的一部分是这样，或许这也正是我们最初学习运用词汇的方式：“爸爸”、“妈妈”、“不”、“都走了”等表达就是这么学会的。但是语言并非仅此而已。它不只是用一两个词进行的简单交流，而是对远远超出当下周围环境的世界的描述或者虚构，而从前者如何能理解后者，还不是很清楚。实际上更可能的是，用于更宏大目标的语言能够帮助我们理解，当我们在一个较小范围内使用语言时发生了些什么。

“盐在桌子上。”像这样的陈述，无论是在吃午饭的时候为了实用目的所说的，还是作为一组分布在时间与空间中的位置描述的一部分，又或是作为一种可能出现的想象场景的假设，都有着同样的意义。而无论它是真是假，无论说话人或者听话人是否知道它的真假，它也都有着同样的意义。因此，出于日常的、实用的目的所说的话中一定有某种普遍的东西。这种东西足以解释那些出于其他完全不同的目的所说的话，在其中它的意义仍然相同。

当然，语言是一种社会现象，这一点很重要。语言不是一个人为自己发明的。当我们还是一个小孩子的时候就开始学说话，那时我们就落入了一个业已存在的系统中，在其中千万人使用同样的词汇彼此交流已经有千百年了。我使用“烟草”一词，并不是靠我自己想出来的意义，而是作为这个词在英语中广泛用法的一部分（即使我想采用一种私人密码，在其中我用“布里拨”这个词指代烟草，我也得自己暗中用“烟草”这个共通的词来定义“布里拨”）。仍然需要解释的是，我使用这个词的方法如何从他人的用法那里获得意义，即使我根本不知道其他大多数人用这个词说过些什么话。不过看起来，把我使用的词语放在一个更大的语境中，对于解释它们的普遍意义可能会有帮助。

但是这也解决不了问题。当我用这个词的时候，它可能是作为英语的一部分而拥有其意义，但是当其他一切讲英语的人使用这个词的时候，它的用法是如何获得极为普遍的应用范围，以至于超越一切具体使用的情境之上的呢？语言与世界的关系这一问题并不随我们是说一句话还是十亿句话而改变多少。一个词的意义不仅仅是符合现实的使用，而包括了一切可能的用法，无论是真实还是虚构，前者只是一切可能用法中极小的一部分而已。

我们人类是有限的、渺小的造物，但是凭着声音或纸上记号的帮助，意义能够使我们把握住整个世界及其中的万事万物，甚至于在语言中发明一些根本不存在甚至永远不可能存在的东西。问题在于这是如何可能的：我们所说的、所写的东西——包括这本书中所有的词语——如何可能具有意义？

第 6 章

自由意志

请设想如下场景：当你在自助餐厅里，走过琳琅满目的食品台，来到甜点柜前时，你琢磨着是选一只桃子呢，还是一大块带糖霜的巧克力蛋糕呢？蛋糕看起来不错，不过你知道它容易使人增肥。考虑一番以后，最后你还是选了它，高高兴兴地把它吃了。第二天你照着镜子打量自己的体形，想着："我觉得还是不吃巧克力蛋糕的好，我本可以吃一只桃子，而非蛋糕。"

"我本可以吃一只桃子，而非蛋糕。"这句话的意思是什么？并且它是真的吗？

当你走过食品台的时候，你可以去拿桃子：你有机会去拿一只桃子，而不是一块蛋糕。但是这不是你所要说的。你的意思是：你本可以拿桃子，而非蛋糕。你本可以做某些与你实际上所做的不同的事。在你下决定之前，你是拿水果还是蛋糕，二者皆有可能。仅仅是你的选择决定了究竟会是水果还是蛋糕。

是这样吗？当你说“我本可以吃一只桃子”的时候，你的意思是这仅仅依赖于你的选择吗？你选了巧克力蛋糕，所以你吃的是巧克力蛋糕，但是如果你选了桃子的话，你吃的就是桃子了。

好像不只如此。这话的意思不仅是：如果你选了桃子，你吃的就是桃子。当你说“我本可以吃一只桃子”的时候，你的意思也是：你本来就能够选择它，而非在“如果如何如何”的情况下才能够选择它。但是这又意味着什么呢？

即使你指出某些能够让你选择桃子的情景，也不能解释这一点。你可以说，如果你再仔细想想，或者如果一个非常节食的朋友和你在一起，你就会选择桃子了。但是这些仍然不是这句话的意思。你所说的实际上是，就在你选择蛋糕的时候，在同样的情况下，你能够选择桃子，而非蛋糕。你认为，即使一切条件都和你事实上选择蛋糕的时刻完全相同，在这些条件下，你仍然能够选择桃子。唯一的区别在于，本来你是想着“还是蛋糕好吃”，于是去拿蛋糕，却变成是想“还是算了吧”，然后去拿桃子。

我们认为，这种“本来能够”或“能够”只适用于人类（也许还有一些动物）。我们可以说：“这辆车本来能够开到山顶的。”这时候我们的意思是：如果有人开这辆车的话，它有足够的马力可以开到山顶。我们的意思并不是说，当这辆车被泊在山脚下的情况下，它可以自己发动并开到山顶，而不是老老实实停在那里。要让这车开到山顶，需要发生某种别的不同的事情作为前提，比如说，要有一个人钻进车内并开动马达。但是一旦涉及人，我们似乎就认为，人们在外在条件一模一样的情况下，并不需要发生任何不同的事情作为前提，就能够做某些他们实际上并没有做的事情。这又意味着什么呢？

一部分意思可能是：在你最终决定自己的选择是什么的那一刻之前，一切都是自由的。选择桃子一直是一个开放的可能性，直到你最终选择了巧克力蛋糕。你选择蛋糕这一点并未被事先决定。

不过，某些事情是先前就被决定的。比如说，太阳明天将在一个特定的钟点升起来，这一点看起来早就被决定了。要是明天太阳不升起来，而是天一直黑下去，这并不是“开放的可能性”，而是绝不可能的，因为它只有在两种情况下才发生：要么是地球不自转了，要么是太阳消失了。而在银河系里所发生的任何事情都不会引起这两种情况。地球将会持续自转，直到世界末日为止。今天晚上，我们面对太阳系外侧，背对太阳，而在明天早上，地球自转会让我们重新面对太阳系内侧，向着太阳。既然不可能让地球停止自传，或是让太阳消失，太阳明天也就不可能不从东方升起。

当你说，你本来能够吃一只桃子，而非蛋糕的时候，你的部分意思是：虽然太阳明天会升起这一点已经被事先决定，但是你将会做什么，这一点并非以同样的方式被事先决定。在你选择蛋糕之前，并没有什么作用或力量使得你不可避免地要做出这样的选择。

这或许不是你全部的意思，但是至少是部分的意思。因为如果你选择蛋糕这一点确实是被事先决定的话，你就不能说自己“能够”选择桃子了。当然，如果你决定了选桃子而非蛋糕的话，你能够毫无阻碍地拿到桃子。但是这依赖于“如果你决定选桃子”的假设，而不是说在同样的条件下，你本来就能够选择桃子。如果说你“本来能够”选择桃子，那只是因为这种可能性一直保持开放，直到你事实上选择了蛋糕为止。

有些人认为，从绝对意义上来说，我们做什么事情都是事先决定好的，永远也不可能做实际上没有做的事。他们承认，我们所做的事情依赖于我们的选择、决定和需求，并且我们在不同的境况下做出不同的选择：我们不像地球，总是一成不变地绕着地轴自转。但是他们的主张是：在任何情况下，我们行动的各种条件决定了我们的行为，并且使它成为不可避免的。一个人的经验、欲望和知识、他的遗传因子、社会环境、各种选择的性质，以及其他我们尚不知晓的因素，这一切加在一起，共同使得一个在具体情境下的行为成为必然。

这种观点叫作“决定论（determinism）”。决定论并不主张，我们能够知道宇宙中的一切法则，并且用这些法则预言未来会发生什么。首先，我们不可能知道影响人类行为的一切复杂条件；其次，即使我们知道了若干条件，并且尝试着做出预言，但是这一预言本身就会导致条件的变化，它有可能改变被预言的结果。不过预言问题不是决定论的要点，它的设想是，世界上所发生的一切事情都是被自然法则所主宰的，就好像行星的运动被自然法则所主宰一样，一个行为的诸多条件正是通过这些自然法则的安排，才能够决定这个行为，并且排除掉其他一切可能性。

如果这是真的，那么当你在左思右想吃什么甜食好的时候，已经有许多因素作用到你身上，决定了你会选择蛋糕。虽然你认为你能够选择桃子，但是其实你不能。你下决定的过程，只不过是事先被决定的结果在你意识中出现的过程而已。

如果说一切事物都是被决定的，那么即使在你出生之前，你要选择蛋糕这一点就已经被决定了。你的选择是直接被前一刻的情境所决定的，而前一刻的情境又是被再往前一刻的情境所决定的，这样可以无穷追溯下去。

即使决定论并非对世界上所发生的一切事情都有效，即使某些事情的发生不依赖于先前存在的原因，但是，如果我们所做的一切事情都是被事先决定的，这仍然具有十分重大的意义。你在水果和蛋糕中做出选择的时候，或者在两个总统候选人之中做出选择的时候，总觉得自己是自由自在的，爱选哪个就选哪个，但是实际上你在这些条件下只可能选择其中某一个。当然，如果外在条件或是你内心的欲望发生了变化，你的选择也会随之不同。

如果你觉得自己和其他人的选择的确是事先被决定的话，这很可能会改变你对事物的看法。比如说，你能够责备自己抵抗不住诱惑，去吃了蛋糕吗？如果说你本来就不能去吃桃子，那么说“我本可以吃一只桃子”，这话还有意义吗？假如当时根本就没有桃子，你这么说当然毫无意义。但是如果虽然有桃子，你却事先已经被决定了要选蛋糕，而不能去选择桃子，这么说又怎么会有意义呢？

看起来，这会引起相当严重的后果。你不单是不能责备自己吃了蛋糕，而且也不能责备干坏事的人和夸奖做好事的人。如果说他们做这些事是事先决定的，那么这些事情也就是不可避免的：在当时的条件下，他们不可能做别的事情。这样我们就没有理由认为，他们应该为自己的行为负责了。

假如有人到你家参加你开的派对，却暗中偷了你珍藏的古典音乐唱片，你知道是谁干的之后，一定对他非常恼火。但是，如果你相信他的这一行为是被他的本性和当时的情况所事先决定的，并且相信他所做的一切事，包括塑造他人格的幼年行为，都是被更早的条件所事先决定的，那么你还能认为他应该对他的低劣行径负责吗？在此，如果把他的行为看成是一种自然灾难，好像你的唱片是被白蚁蛀坏了一样，似乎更为合理。

人们在这一点上意见不一。一些人认为，如果决定论是对的，那么因为某人的行为而去夸奖或责备他，就是毫无理由的，正如因为天上下雨，而去夸奖或责备雨水一样荒诞。另一些人认为，即使人的行为是不可避免的，扬善斥恶的做法仍然是有意义的。无论如何，就算一个人被事先决定要做坏事，这也并不意味着他所做的就**不是**坏事了。如果他偷了你的唱片，这就显示出他这个人既自私又虚伪，无论他的行为是否被事先决定，都是如此。进一步来说，如果我们不去惩罚他，甚至不去责备他，难保他下次不会再犯。

另一方面，如果我们认为他的行为是被事先决定的，而仍然要责罚他，这就像是因为一条狗咬了地毯而去惩罚它。这并不意味着我们认为他应该对他所做的负责，我们只是试图以此来改变他将来的行为。我个人认为，因为一个人做了他绝不可能不做的事而去惩罚他，这是没有意义的（当然，按照决定论，我会这么想也是事先被决定的）。

如果决定论是正确的，我们就必须面对这些问题。但是也许它并不是正确的。现在许多科学家认为，对于基本粒子而言，决定论是不适用的。例如，在给定的条件下，电子的运动是不确定的。也许决定论对于人的行为也是不适用的，这就给自由意志和责任留下了余地。如果说人的行为，至少是其中一部分，并非是事先就被决定好的，那又如何呢？如果说直到你做出选择为止，你是选桃子还是选蛋糕仍是一种开放的可能性，那又如何呢？这样的话，无论此前发生了些什么事，你都能够选择其中任何一种，即使你事实上选择了蛋糕，你当时还是能够选择桃子。

但是这对于自由意志来说就足够了吗？当你说“我本可以吃一只桃子”的时候，你的意思仅仅是说，选择并没有被事先决定吗？不只如此，这里还有更多的意思。你相信是你通过做出选择，决定了自己将要做什么。这一选择并非事先被决定，但是也不是自己发生的。你选择了它，并且你也能够选择别的。但是这又意味着什么？

这个问题看起来很有意思：我们都知道“做”某事的意思是什么。但是问题在于，如果说你的行为并未被你的欲望、信念和人格及其他东西所事先决定，它看起来就是某件自己发生的事情，没法给出什么解释。在这种情况下，你如何能够“做”它？

一些人认为，这个问题没有答案。自由行为是世界上的一种基本特性，不能够再加以分解。某件事情不需要原因而发生，和一个行为不需要原因而被人做出，二者间有着微妙的不同。这种不同我们大家即使解释不清楚，却也都知道。

某些人会满足于此，但是其他人会觉得，用“无法解释”来解释这种“我本可以吃一只桃子”的意义，还是颇为可疑。到目前为止，看起来决定论是对“责任”的一大威胁。但是现在看来，即使我们的选择并非事先已被决定，我们以何种方式能够做我们实际上所没有做的事情，仍然很难理解。两种选择在事先皆有可能，但是除非是“我”决定选其中某个，否则我仍然不需要对这种选择负责，正如如果它是被在我之外的原因所决定的，我不需要为此负责一样。因为，如果没有东西决定它，我又如何能够决定？

看起来，无论我们的行为是不是被决定的，我们都不必为此负责，这种可能性实在是令人担忧。如果决定论是正确的，先前的条件就该为我们的行为负责，如果决定论是错误的，就没什么东西要负责了。这看上去是死路一条。

但是还有一种可能的观点，与我们所说的大部分内容完全相反。一些人认为，谈论行为的责任**必须要求**我们的行为是被决定的，而非自由选择的。这一主张的理由如下：如果一个行为是你所做的，那么它就是被你身上的某些东西所引起的。例如，当你选择巧克力蛋糕的时候，这不是一件自己发生的事情，而是你所做的，因为是你更想要吃蛋糕而不是桃子。因为你想要吃蛋糕的欲望比想要避免增肥的欲望强烈，结果就使得你选择了蛋糕。在其他一些行为中，对行为的心理学解释要更为复杂，但是总是有一个解释，否则这个行为就不是你所做的了。这一解释看起来意味着你的行为最终仍然是被事先决定的。如果它并不是被任何东西所决定的，那么就只是一个无法解释的事件，是突然发生的，而不是你的选择。

根据这种观点，因果决定本身并不对自由的观念构成威胁，仅仅是**某些特定种类**的原因才与自由相悖。如果你去拿蛋糕是因为有人拿枪逼着你这么做，那么这当然不是一个自由的选择。但是自由的行为并不需要排除一切决定性的原因，只要这种原因是一种心理上的自愿就可以了。

我个人并不同意这种观点。一想到我的一切所作所为都是被周围环境和心理条件所决定的，我就感到自己像是掉入了陷阱之中；如果我想到别人的行为也是被事先决定的，我又觉得他们像是一群傀儡。要让他们为自己的行为负责，就好像要一条狗、一只猫，甚至一部电梯为其活动负责一样毫无意义。

另外，如果我们的行为不是被决定的，我也不太清楚为自己的行为负责的观念究竟意义何在。如果说我身上没有任何东西决定我的选择，那么说我决定了我的选择又是什么意思呢？因此，“我本可以吃一只桃子，而非蛋糕”这种感觉可能在哲学上只是一种幻觉，无论选择是否被决定，它都是错误的。

如果你要避免这种结论的话，就需要解释两点：第一，当你说自己能够做某些与实际所做的不同的事情的时候，你的意思是什么？第二，如果你的确有这种“能力”，那么这种能力在这个因果联系的世界中又处于什么位置呢？

第 7 章

对与错

假如你在图书馆工作，负责检查是否有人偷书，而你的朋友看上了图书馆里一本珍贵的参考书，想要据为己有，让你睁一只眼，闭一只眼，让他把书拿走。你可能会犹豫不决，原因很多：你也许害怕他会被抓住，那时候你们就都吃不了兜着走了；你也许想要把书留在图书馆里，以便自己能够查阅。

但是你也可能认为，他的要求是错误的：他根本不应当做这种事，你也不应当帮助他。如果这样的话，你的意思是什么？如果你的想法是正确的，那么又是什么使它成为正确的呢？

“这是错误的”并不只是说，这是违反规定的。可能会有一些坏的规定，禁止本身没有错的事情，例如某些国家的法律禁止批评政府；也可能有一些坏的规定，要求实行本身就不对的东西，比如有些法律要求在饭店和旅馆实施种族隔离。对与错和是否违反规定是两回事。否则的话，人们就不能和评价行为一样，评价一条规定是对是错了。

如果你认为帮助你的朋友偷书是不对的，当你做这种事的时候就会觉得不舒服：虽然你不愿意拒绝帮助朋友，但是在某种意义上你并不想做这种事。那么，不愿意去做它的原因从何而来？这种想法的动机是什么？也就是说，这种想法的背后有什么理由？

说某种做法是错的，在不同情况下会有不同的原因，但是在这个案例中，如果需要你解释这一点的话，你可能会说，帮助你朋友偷书对于其他的读者是不公平的，他们可能也和你的朋友一样需要看这本书；而如果把这本书放在阅览室里，那么想要看的人就都可以去看了。你也可能觉得，让你的朋友拿走这本书就对不起你的老板，他付给你薪水就是让你防着别人偷书。

这类想法考虑的是行为对他人的影响，并不一定是直接影响他人的感受，因为他们可能永远也发现不了书被偷了，但总之是对他人的某种损害。一般说来，认为做某事是错误的，考虑到的不单是这件事会影响做这件事的人，还有它会影响到的其他人，并且其他人如果发现的话，不但不会喜欢，还会尽力反对。

但是假设你对朋友说了这些道理，然后他说："我知道图书馆馆长不希望有人偷书，其他几个读者要是发现他们要看的书没了，也会很不高兴，但是谁在乎他们呢！我就是想要这本书，我干吗在乎他们高不高兴？"

你之所以要论证这是错误的，就是要给他一个不干这件事的理由。不过要是某人根本不把其他人当回事，假如他能够逃避惩罚的话，他又有什么理由控制自己不去干那些通常被认为是错误的事呢？他有什么理由不去杀人放火、坑蒙拐骗？如果他通过这种方式能够得到自己想要的东西，为什么不应当这么做呢？而且，如果没有理由可以解释他为什么不应当这么做，那么说这种行为是错误的，意义又何在呢？

当然，绝大多数人都在某种程度上在乎别人的想法。但是即使有人不把别人当回事，我们多半也不会认为他因此就可以不用遵守道德了。若有人只是为了偷一个钱包而杀人，而把受害人视为草芥，他不能因为冷血就被原谅。他不在乎别人这一点并不能为他的行为做辩解：他应当在乎。但是为什么呢？

对这个问题有许多种尝试的回答。其中有一类回答是试图找出这个人所在乎的某种东西，然后把这种东西和道德联系起来。例如，一些人相信，即使你在世时做尽恶事，还能够逍遥法外，逃脱法律和他人的惩罚，但是这些行为违反了上帝的诫命，因而在你死后，上帝就会惩罚你（而如果你能够克服诱惑，不去干坏事的话，上帝就会奖励你）。所以即使看起来去干坏事对你有利，实际上却并非如此。一些人甚至相信，如果没有上帝赏善罚恶，以此要求人遵守道德，所谓道德就不过是一个幻觉而已："如果没有信仰，干什么都不碍事。"

这种观点虽然将宗教视为道德的基础，却相当粗糙。还有一种更为吸引人的说法主张：遵守上帝的诫命，并不是出于害怕惩罚，而是出于对上帝的爱。上帝爱你，你也应当爱他。为了不冒犯他，你就应当希望去遵守他的诫命。

但是无论我们怎么解释宗教上的动机，对这类答案还是有三种反驳。第一，有许多人根本不信上帝，却仍然能够判断是非，并且认为人不应当为了偷钱包而杀人，即便他能够逍遥法外。第二，即使上帝存在，并且禁止某些事情，这仍然不能够**使得**这些事情**成为**错误的。谋杀本身就是错误的，这也就是上帝会禁止它的**原因**（如果的确有上帝禁止它的话）；上帝不能够通过禁止一些多年的习惯——例如穿袜子时先穿左脚，再穿右脚——就使得这些习惯成为错误的。如果上帝会因为你这么穿袜子而惩罚你的话，那么你再这么穿袜子就很不明智了，不过这并不是错误的。第三，害怕惩罚，希求奖赏，甚至对上帝的爱，看起来并不是遵守道德的正确动机。如果你认为杀人、说谎或偷窃是错误的，你不应当去做这些事，是因为它们对受害者是坏事，而不只是因为你害怕对你自己不利的后果，或者你不想让创造你的上帝不高兴。

这第三个反驳也可以用来驳斥其他用行为者自身的利益来充当道德力量的论调。比如古话说，你想要别人怎么待你，你就应当怎么对待别人。这或许是个明智的建议，但是它之所以有效仅仅是因为，当你想到你所做的事情会影响别人对你的态度时，不得不有所收敛。假如说你做的好事别人不会发现，或者你做了坏事却能够及时逃走（例如肇事后能够逃走的司机），这种说法就不适用了。

对于他人直接的关心乃是道德的基础，并且是无可替代的。我们认为人人都应当遵守道德，但是我们能设想人人都关心他人吗？显然不能。一些人非常自私，另一些人虽然并不自私，却只关心他们认识的人，而不是所有的人。因此当我们说，每个人都不应当伤害他人，甚至是那些他们不认识的人的时候，理由何在呢？

有一个反对伤害他人的普遍论证，只要会说话的人都可以适用，并且这个论证看起来指出了如下一点：即使人们的自私心非常强烈，以至于最终还是待人刻薄，但是人们仍然有某种理由去关心他人。我敢肯定你听过这个论证，它简单说来是这样的：“要是别人也这么对你，你会怎么想？”

要说清楚这个论证是如何起作用的可并不容易。假设当你吃完饭，正要离开饭馆时下起了大雨，你正要偷某人的雨伞，一个旁观者看到了说：“要是别人也这么对你，你会怎么想？”为什么这句话会让你犹豫一下，甚至觉得心中有愧呢？

很显然，直接的答案当然是：“我可不喜欢别人这么对我！”但是下一步又如何呢？你大可以说：“要是别人这么对我，我当然很不高兴。但是幸运的是没人这么对我，而是我这么对待别人，我可不在乎别人怎么想！”

但是，这个回答并没有说到点子上。当有人问你要是别人这么对你，你会怎么想的时候，你就得想到如果有人偷了你的雨伞，你会有什么感觉。而这些感觉可不只是“不高兴”而已，好像你只是把脚碰到了石头上那样“不高兴”。如果有人偷了你的雨伞的话，你会愤恨交加。你所愤恨的不只是丢雨伞这件事，而更恨偷伞的人。你会想：“那家伙偷了我用辛辛苦苦赚的钱买的伞，然后跑到哪里去了？我是听了天气预报，知道要下雨所以带伞的，现在果然下雨了，我却没有伞！那家伙为什么自己不带伞？”以及诸如此类的想法。

当这种不顾他人的行为威胁到我们自己的利益时，我们中大多数人都会认为，其他人实在应当更为别人着想一些。当你受到了损害的时候，你多半会觉得其他人应当为你考虑，而并不是想：“我的利益与他们无关，他们可没有理由为我着想，不来伤害我。”“你会怎么想”的论证所要唤起的就是这种情感。

如果你承认，当其他某个人像你损害别人利益那样也来损害你的利益的时候，你也会感到愤恨，那么你也就承认了，你认为这个人不应当损害你的利益。如果你承认这一点，你就得考虑这个“不应当”的理由是什么。这个理由并不是：因为他伤害的不是世界上其他的人，而仅仅是你，所以他就不应当这么做。对他来说，没有理由光偷别人的伞，而唯独不偷你的伞。你并没有受到特殊保护的特权。而无论这个“不应当”的理由是什么，它都是普遍有效的，靠这个理由，他不应当损害任何人的利益。而其他人也都会有这个理由，让他们“不应当”伤害你或者别人。如果人人都有不应当伤害他人的理由，那么你也不能例外，也不应当去伤害其他人。因此，这也就是不应当去偷他人雨伞的理由。

这只是一个自圆其说的问题。一旦你承认，他人在相同的情况下不应当伤害你，并且承认，他不应当这么做的理由是适用于一切人的，而不只是对你对他适用，那么为了自圆其说，你也得承认这个理由现在对你也同样适用。你不应当去偷雨伞，如果你偷了，你就应当感到羞愧。

不过这个论证也并非牢不可破。如果当一个人偷伞的时候，你问他：“要是别人也这么对你，你会怎么想？”而他回答道：“我根本就不会感到愤恨。要是在下大雨的时候，有人偷了我的伞，我当然不会高兴，但是我并不认为他会有什么理由去在乎我的感受。”如果他这么说，这个论证对他就无效了。但是有多少人会诚心诚意地这么说呢？我认为绝大多数正常人都会认为，他们的切身利害，不仅对于他们自身来说是重要的，而且在某种意义上其他人也不应当忽视。我们都认为，当我们承受痛苦的时候，这不仅对我们来说是件坏事，而且本身就是件坏事。

道德的基础在于如下的信念：某些特殊的人（或动物）受益或受损，这不仅在当事者自己来看是好事或坏事，而且从普遍的角度看，其本身就是好事或坏事，并且每一个有头脑的人都明白这一点。这也就意味着，人们在决定做什么的时候，就有理由不仅考虑自己的利害，而且也考虑到他人的利害。而且如果人们只考虑到某些他人——例如他特别关心的家人和朋友——的利害，这仍然是不够的。当然，他会更为关心他自己和某些特定的他人，但是他也应当考虑他的所作所为对每个人的影响。如果他是个正常人的话，他也会希望别人这么对待他：即使别人和他素昧平生，也不该损害于他。

即使以上所说都可以成立，也不过是勾勒出道德源泉的轮廓而已。它并未告诉我们应当如何考虑他人的利益，并且如何衡量这些人的利益与我们自己及亲友的利益之间的轻重。它也没有告诉我们，比起我们自己的国民来，我们对其他国家的人民应当关心到何等程度。尽管很多人都接受了一般意义上的道德，但是关于细节的孰是孰非仍然众说纷纭。

例如这个问题：你是否应当关心其他每一个人，就像关心你自己一样？换句话说，你是否应当爱人如己？或许你每次去看电影的时候应当问自己："如果我把买票的钱送给别人，或是救济贫民，是否会带来更多的幸福呢？"

只有极少数人才如此无私。并且，如果有人对待别人和自己能如此不偏不倚的话，他或许也会感到，在其他人中间，他也应当如此不偏不倚。这样的话，他就不应当更偏心自己的亲友，而应当对陌生人也施以同样的关心。他对一些和自己比较亲密的人或许会有某种特殊的情感，但是如果他是完全不偏不倚的话，他就不能更偏向他们。例如，如果他要在帮助一个朋友或是一个陌生人摆脱痛苦、或者在带孩子看电影和把钱捐给贫民之间做出选择，他就不能偏向他的朋友和孩子。

这种程度的不偏不倚对于绝大多数人来说要求太高了。能做到这一点的人可真是个让人望而生畏的圣人。不过在道德哲学里这是一个重要的问题：我们应该争取做到多大程度的不偏不倚？你是一个独特的个人，但是你也能认识到，你只是许多人中的一个，并且从外在方面来看，也不比其他人更重要。这种看法对你有哪些影响呢？从外在方面看，你是一个有某种重要性的个体，否则的话你也不会认为其他人应当在乎你，从而善待你了。不过，虽然从外在方面来看，你并不比其他人更重要，但是对你自己来说，你却有着无可比拟的重要性。

我们不仅不清楚应当在何种程度上不偏不倚。而且如果这个问题有正确的答案，其正确性的来源我们也无从知晓。是否对每个人来说，在私人的关心和无私的关切之间只有单一一种正确的方式去保持平衡？还是答案人人各不相同，依各自动机的强度而定？

这就把我们带到了另一个重大的问题：对与错的标准对每个人来说都一样吗？

人们一般认为，道德是普遍的。如果做某事是错误的，那么无论是谁做都是错的。例如，如果因为想要偷钱包而杀人是错误的，那么不管你是否在乎杀人者是谁，这都是错误的。不过，如果“某事是错误的”是不去做这件事的理由，而另一方面，从你的动机出发，你也有做这件事的理由，因为人的动机是千变万化的，所以看起来，很难有一个对所有人都适用的、单一的是非标准。对与错不是单一的，因为如果人们的基本动机各不相同的话，也就不会有一个人人都有理由遵守的、基本的行为标准。

有三种方式可以解答这个问题，但是它们都不能令人完全满意。

1. 我们可以说，对与错对于每一个人来说都是一样的，但是并非每一个人都有理由去力行对的事而避免错的事：只有有着正确的“道德”动机（特别是对其他人的关心）的人才有理由因这件事是对的，而去做它。这倒是承认了道德的普遍性，却牺牲了它本来的力量。而且说某人去谋害他人是错误的，但是他又没有理由不去杀人，这似乎也有点自相矛盾。

2. 我们可以说，对与错对于每一个人来说都是一样的，并且人人都有理由去力行对的事而避免错的事，但是这些理由并不依赖于人实际的动机。毋宁说，这些理由是用来改变人的动机的，如果这些动机本身并不正确的话。这倒是将道德和行动的理由联系了起来，但是却没有说清楚，这些不依赖于人人都有的实际动机的普遍理由是什么。说一个杀人犯的一切实际动机或欲望都要求他杀人，但是他却有理由不去杀人，这又是什么意思呢？

3. 我们还可以说，道德并不是普遍的，并且道德要求一个人做的也无非是他有一定的理由去做的，而这些理由又依赖于他对他人普遍的关心程度而定。如果他有强烈的道德动机，也就会有强烈的道德理由和道德要求。如果他的道德动机非常薄弱，甚至根本没有，其道德要求也就会随之非常薄弱或根本没有。这看起来倒是比较符合人的现实心理，不过却与通常的道德观念相悖，这一观念认为：道德规定对于我们大家都是适用的，而不只是对少数好人适用。

我们比较不同个人的动机时，道德要求是否普遍的问题就会出现；不仅如此，在我们比较不同社会和时代的道德标准时，这一问题也会出现。很多你认为是错误的事情，在以前却被大多数人当作是天经地义的，例如奴隶制、农奴制、活人献祭、种族隔离、对宗教和政治自由的禁锢、世袭等级制等等。而且或许某些你现在认为是正确的事情，将来也会被后人认为是错误的。我们有什么理由相信，关于这一切会有唯一的道德真理，即使我们不能知道那是什么？或者如果相信对与错是随着特定的时间、地点及社会背景而变化的，这是不是更有道理呢？

在某种情况下，行为的对错明显是依赖具体情况而定的。一般说来，你跟别人借了把刀，当他要的时候你把刀还给他，这是对的。但是如果在你借刀的期间，他发了疯，想要拿这把刀去杀人，这时你就不该把刀还给他了。但是这并不是我所说的相对性，因为这并不意味着道德在最基本的层次上是相对的。这只是意味着，基本的道德原则虽然是同一个，但是在不同的情况下要求不同的行为。

某些人相信一种更深层的道德相对性，这种观点主张：对与错的最基本标准——例如杀人是否正确，或者你应该在何种程度上为别人做出牺牲——完完全全依赖于你所生活的社会接受的是什么样的道德标准。

这种观点我总觉得难以置信，这主要是因为，你总是能够批评自己的社会中被接受的道德标准，并且说这些标准在道德上是错误的。但是如果你这么做的话，你就必须诉诸一个更客观的的标准，一个“真正的对与错”的观念，这个观念适合大多数人的看法。很难说这个观念是什么，但是只要我们不是盲目地遵从社会的看法，而诉诸自己的思考，就能够理解它。

关于道德内容有很多哲学问题，例如：对他人的关切和尊重应当如何表现？我们是应当帮助他人实现其愿望呢，还是只要让自己不妨碍他们即可？我们应当做到何种程度的不偏不倚？用什么方式？等等。我在这里暂且略过这些问题，因为我主要关心的，是道德的一般基础在何种程度上是普遍的和客观的。

在此我要回复的是一种对于道德观念整体的反驳。你也许听说过这种观点，它主张：人们无论做任何事情，其唯一动机只是这么做让他高兴，或是不这么做让他难过。如果说我们做事情的动机只是为了让自己高兴，那么要把对别人的关心作为道德的基础自然毫无希望。从这个观点来看，即使是明显的损己利他的行为也不过是为自己着想而已：这么做的人或者是想避免不做“正确的”事的内疚感，或许是想体会到因为做善事而洋洋得意的自豪感。但是如果他没有这些感觉，也就没有履行“道德”的动机了。

不错，当人们做他们认为是正确的事情的时候，他们通常会感到高兴；同样，如果他们做自己认为是错误的事情，也会感到不快。但是这并不意味着，这些感觉就是他们行为的动机。在很多情况下，是另有动机产生了道德行为，而这些感觉不过是动机的结果。如果你认为做正确的事的唯一理由只是为了让你自己快活，你反而不会感到快活；要让你自己感到快活，必须有某种别的理由。同样，只有当你认为自己之所以不做错误的事，不仅是因为它使你感到内疚，此外还有别的某些理由，在这种情况下你做错事时才会感到内疚。至少事情应当如此。虽然说某些人做某些事的时候会感到非常不舒服，而他们并没有任何其他的理由认为这是件错事，但是这并不是道德起作用的方式。

在某种意义上来说，人们做他们想做的事，但是他们之所以想做这些事情，其理由和动机千变万化，各不相同。我之所以“想”把钱包给某个人，可能只是因为他拿枪指着我的头，说：“不给钱包就打死你！”我可能会跳进一条冰冷的河里去救一个快溺死的人，我并不认识此人，救他也不是为了让自己快活，而是因为我意识到，他的生命同我的一样重要，并且我有理由去救他。正如如果情形反转，是我掉在河里，他也有理由来救我一样。

道德论证想要证明人人都有一种能力，使得我们能够超出自己的私利，做不偏袒私利之事。不幸的是，这种做事的动机或许被深深地埋藏着，并且在某些人身上或许永远也不可能出现。无论如何，这种动机需要和其他那些强有力的自私动机（或不那么自私的个人动机）竞争，才能控制我们的行为。要为道德做论证的困难并不在于人的动机只有一种，而在于动机多得数不胜数。

第 8 章

正义

有人生来就安享富贵，有人生来却家贫如洗，这公平吗？如果不公平的话，我们是不是该做些什么呢？

无论是在一个国家内部，还是在国与国之间，都充满了不平等。一些人生在锦衣玉食之家，生活优裕且教育良好。另一些人却生在贫困的家庭，温饱难济，更没钱去受教育或者看病。当然，这要靠运气：在什么社会、阶级或国家出生，都不是我们能够决定的。问题在于：这种不平等并不是那些穷人的错，但是他们却要因此而受苦。这在何种程度上是件坏事呢？政府是否应当运用其权力去减少这种不平等呢？

某些不平等是刻意造成的。例如，种族歧视政策有意地剥夺某些种族的人的工作、居住和教育权，只让另一个种族的人享有。又比如对女性的歧视，把一切工作都留给男人，让女人只能待在家里，不能去工作。这就不仅仅是运气不运气的问题了。种族和性别的歧视明显是不公平的，这种不平等是由于一些本不应当影响人民的基本权益的因素造成的。公平的做法是机会人人均等，只要你有能力就能得到，如果政府努力促进这种机会的平等，无疑是件好事。

但是即使没有刻意的种族或性别歧视，在一般的情况下也会发生不平等的现象，对此我们就很难指责了。因为即使机会平等，每个有能力的人不论种族、宗教、性别和文化背景，都能上大学、得到工作、买房子或者参加竞选，仍然会有许许多多的不平等。一般来说，出生于富有家庭的人会受到较好的教育，拥有较多的资源，这对他们得到好的工作非常有利。即使在一个机会平等的社会里，对于自然天赋相同的人而言，如果某人生来就比别人占优势，那么最终也会比别人得到更多的收益。

不仅如此，而且自然天赋上的差异在自由竞争社会中所造成的好坏结果也会相当不同。那些具有社会非常需要的技能的人远比没有任何特殊技能或天赋的人更为吃香。这些不同部分来说也是运气造成的。尽管人们都想发展和运用自己的才能，但是对于大多数人来说，无论怎么努力，也不可能拥有卓别林那样的演技，毕加索那样的艺术造诣，或者亨利·福特那样造汽车的本事。即使不说这么高的成就，在一般情况下也有天赋高低的问题。要决定一个人在竞争性社会中的收入和地位，自然天赋和家庭背景两方面的运气是重要的因素。平等的机会造成了不平等的结果。

这些不平等和种族、性别歧视所造成的不平等不同，它们是被本身看起来并没有错的选择和行为造成的。父母总是为孩子设想，想让他们受良好的教育，而一些父母比另一些父母更有钱，更容易让孩子过得好。人们为了得到他们想要的商品、服务和表演而付钱，而某些人所能提供的比起其他人来更能满足大多数人的需求，所以他们就赚到了更多的钱。各种公司或企业都想雇用能把工作做好的员工，并且为了得到具有超常技能的人才而不惜血本。如果一家餐馆有一个好厨师，而旁边的餐馆却没有，前者就会宾客如云，后者却会门可罗雀。假如顾客都去第一家餐馆吃饭而不去第二家，这也没什么错，虽然对于第二家餐馆的老板和雇员——

及其家庭——来说，这可不是件好事。

如果说这些差别使得某些人的境况非常悲惨的话，也的确非常令人不安。在某些国家，绝大多数人口都世世代代生活在贫困中。但即使在美国这样的发达国家，也有许多人从一生下来就不得不面对经济和教育上的劣势。即使有人能够克服这些困难，比起那些一开始就占尽优势的人，也一定会备尝艰辛。

然而最令人不安的还是富国和穷国之间在财富、人民健康、教育和发展上的巨大差距。世界上大多数人的经济境况甚至还远远不如美国、欧洲及日本最穷的人。在幸运与不幸之间的这些巨大差距看起来的确是不公平的；但是如果我们能为此做些什么的话，又该怎么做呢？

我们得思考两点：一是这些不平等本身；二是减小及消除这些不平等的补救措施。关于这些不平等本身主要的问题是：哪些造成不平等的原因是错误的？关于补救方法主要的问题是：用何种方法干预这些不平等才是正确的？

在刻意的种族、性别歧视的情况下，很容易做出回答。造成不平等的原因是错误的，因为人们进行歧视本身就是错误的，并且补救措施也只是制止这种歧视而已。要是一个房东不肯租房子给黑人，就应当起诉他。

但是在其他情况下，问题则要复杂得多。棘手之处在于，人们并没有做任何错事，却产生了看起来是错误的不平等。生下来就贫穷的人们并非因为自己的过错而要承受许多痛苦，这看起来是不公平的。但是这种不平等之所以存在，是因为有一些人比其他人更会赚钱，因而发家致富，并且他们想尽可能地让子女过上好日子；并且因为人们倾向于门当户对的婚姻，财富和地位就积聚了起来，乃至世代相传。共同组成这些原因的各种行为，如就业、购买、婚姻、继承，以及抚养和教育子女，看起来本身并没有错。在此如果说有什么错误的话，就是结果错了，使得某些人从一出生就面对种种不利。

如果我们反对这种不公平的不幸，那一定是因为，我们反对仅仅由于社会经济体系照常运行的缘故，而让无辜的人一生下来就承受种种困窘不利。我们中有些人或许还相信，一切无辜者身上的不幸，例如天生的残疾，都要尽可能地加以补偿。但是在此让我们先略过这类问题，而把讨论集中在由于社会和经济的运行，特别是自由竞争经济而造成的不平等上。

我已经说过，这类不平等有两个主要原因，一是出于社会经济地位的差异，二是出于社会所需要的自然天赋或才能上的差异。你或许认为这类不平等本来就是很正常的，没什么不对。但是如果你认为这里有什么东西错了，并且认为一个社会应当试着去改变它，那么你所能提出的补救措施，必定要么是干预这些原因本身，要么是直接干预这些不平等的结果。

现在我们已经看到，这些原因本身是由人们不同的选择造成的，无论是把时间和金钱花在哪里，或是怎样安排自己的生活，这些选择相对而言都没有什么错。如果有人要抢银行，或者歧视黑人及女性，去干涉是理所当然，但是如果别人要选择买什么东西，怎么培养自己的孩子，或者给自己的雇员多少钱，去干涉他们就不合理了。更可取的似乎是通过税收间接干涉人们的经济生活，特别是个人所得税和遗产税，以及一些消费税。这些税经过设计，从富人身上比从穷人身上征收得更多。如果政府要削弱世代积累的、财富上不平等的发展趋势，这是一条可行之计，其要点就是：不让人民保有其全部的钱。

但是更为重要的，是把税款征收上来之后，利用这些公共资源兴建公共教育设施，以供那些穷困家庭的孩子上学，弥补其未能直接得到的权益。这正是社会公共福利计划所做的，利用国家税收提供健康、食品、住房和教育方面的基本福利。这就直接减少了不平等。

但是，如果是由能力差异造成的不平等，那么除非废除自由竞争的经济体制，否则人们就很难做些什么去改变这类不平等的原因。只要在吸引人才上有竞争，在就业上有竞争，在企业间有竞争，就会有人赚的钱比别人多。唯一可能的替代方案是一种中央支配的经济，由中央权力分配给人们工作，并且付给人们大致一样的工资。曾经有一些国家实施过这种经济体制，但是却付出了高昂的代价，既牺牲了自由，又缺乏效率。虽然有人喜欢这种方式，但我认为这种经济体制是不可接受的，因为代价实在是太大了。

如果有人想要减少这一来自能力差异的不平等，同时又仍然保留自由竞争经济，那么就只有改变这一不平等的结果。要做到这一点，可以对高收入者课以重税，并且对所有公民，特别是低收入者提供免费的公共福利。这些福利包括通过所谓“最低收入津贴”的形式，对收入微薄的人提供补贴。但是这些方式都不能完全摆脱不应有的不平等，并且任何一种税收体系都会对经济有别的影响，也会影响到就业率和穷人，这一影响很难事先预测。因此，要推行一种补救措施的确相当复杂。

但是让我们把讨论集中到这个问题的哲学方面。这些旨在减小阶级和天赋差异引起的不应有的不平等的措施，主要是通过税收的形式干涉人们的经济活动：政府把一些人的钱拿走，去帮助另一些人。这倒并不是税收的唯一用途，甚至不是主要用途：许多税款的用途反倒是使富人得益，而对穷人没什么好处。不过对于我们讨论的问题来说，重要的是所谓“再分配税”。这涉及政府运用权力的问题。在此，政府运用权力干涉人们的行为，不是因为他们的行为本身是错误的，像偷窃或歧视那样，而是因为这些行为产生了一个看上去是不公平的结果。

有一些人认为，再分配税是不对的，因为除非人们做了错事，否则政府就不应该干涉，并且造成这些不平等的经济活动不仅不是错误的，而且是完全正当的。他们可能也认为，由此产生出的不平等也属正常：尽管这些不平等是不应有的，并且也不是受害者的错，但是社会也没有义务去修正它。他们会说：生活就是这样，总是有人幸运，有人倒霉。只有当不幸是由一个人对另一个人的错误行为所造成的时候，我们才能够对此加以干涉。

这是一个争议极大的政治话题，并且关于它分歧极多。一些人认为更应该反对社会经济造成的不平等，而非个人天赋或才能造成的不平等。他们并不喜欢有人生来富有，有人生来贫贱，但是却觉得一个人靠自己的努力挣得一切完全正当。所以，如果有人有经商的才能或者学习复杂技能的资质，因而收入很高，而另一个人只会些不需要技能的体力活，因而收入很低，这也没什么不公平的。

我本人认为这两种原因造成的社会不平等都是不公正的。当一个社会经济体系造成了某些无辜的人生活穷困潦倒，并且不肯通过再分配税和社会福利机制对此加以制约，这就明显是非正义的。不过关于这个问题你应当自己独立思考：不平等的原因中哪些是不公正的，以及哪种补救措施是合情合理的。

我们所说的主要是一个社会内部的社会正义问题，从世界范围来说，问题还要复杂得多。这既是因为不平等的差距远比在一个社会内部要大得多，并且由于缺乏一个世界政府可以征“世界税”并且监督其有效使用，从而我们不知道采取何种补救措施才是可行的。看起来不太可能有一个世界政府，同时确保它是正义的，因为若有这样的政府，它在很多方面也可能是非常可怕的。无论如何，虽然我们不知道在目前列国分立的情况下应当如何去做，但是世界范围内的正义仍然是一个必须正视的问题。

第 9 章

死亡

死亡是什么？虽然人人都会死，但是在这一个问题上并不是人人都会给出相同的答案。一些人相信，在他们的身体死亡之后，他们的灵魂仍然活着，会上天堂、下地狱或是去别的什么地方，成为鬼魂或者转世投胎，也许下辈子会变成动物。另一些人相信，一旦死去，他们就不再存在，因为当身体死去的时候，他们的自我也就随之消灭了。而在那些相信死亡就是终结的人之中，有人认为这是件很可怕的事，有人却并不这么认为。

有一种说法是：没有人能够设想当他自身不存在时会是怎样的，所以我们也不能真正地相信，随着我们的死亡，我们的存在也会终结。但这种论证是错误的。当然了，你不能从自身出发设想自身的不存在。你不可能设想自身完全消失的情形，因为从自身出发来看，这会是完全的虚无，因而无从设想。但是从这种意义上来说，完全失去意识——即使只是暂时的——也是无法设想的。虽然事实上你的确不能从自身出发来设想这一点，但是这并不意味着你根本就不能设想它：你只需要从外部来想象自己被人打昏，或者沉睡时的情景就可以了。尽管要想到这一点，你必须要有意识，这却并不意味着你是把自己想象成有意识的。

说到死亡也是一样。如果要想象你自身的消灭的话，你必须从外部来设想：想象你这个人的身体躺在那里，而全部的生命和意识都离它而去。要想象某种东西，并不必然要想象你自身对它的体验是什么样子的。当你想象你自己的葬礼时，你并不是想象自己也出席葬礼，这是不可能的；你是在想象，在别人眼中看来这一葬礼会是什么样的。当然，当你想象自己的死亡的时候，你还活着，但是这并不成问题，正如同你在有意识的时候也能够想象自己失去意识一样。

关于死后生活的问题是和身—心问题联系在一起的，而这一问题我们在前面已经讨论过了。如果二元论是正确的，每个人都由连在一起的身体和灵魂组成，那么我们也就知道，可能有某种死后的生活。灵魂本身是独立存在的，并且无需身体的帮助，就能拥有某种意识状态；而当身体死去的时候，灵魂并未被毁灭掉，而是离开了身体。在这种情况下，它不再会有和身体联系在一起的感官知觉和身体行为的意识（除非它找到了一个新的身体可以依附），但是它可能有某种和以前不同的精神生活，依赖于某种和以前不同的因果关系，例如和其他灵魂的直接沟通之类。

但是，即使二元论是对的，死后的生活也只是**可能的**而已。同样也可能不存在死后的生活，因为灵魂的存活及其持续的意识，很可能完全依赖于它居住的身体的供养和刺激，并且它也许不能换一个身体。

不过如果二元论是错误的，意识作用发生在大脑里，并且完全依赖于大脑以及整个人体的生理反应，那么就不可能有死后的生活。或者说得更确切一点，要有死后的生活，也就需要生理的、肉体的复活。也许将来某一天这在技术上是可行的：也许当人们死去的时候，可以把他们的尸体冻结起来，等到以后医学发达，能够治疗相关疾病的时候，再让他们复活。

即使这是可能的，也还有一个问题：那个在几百年后复活的人是原来的那个人吗？还是其他什么人呢？如果你死后被冻结起来，后来又给你的尸体解冻，也许那个醒来的人并不是你，而是一个很像你的人，他有你过去生活的全部记忆。但即使在你自己的身体上复活的是你本人，这也不是“死后生活”的本来意思。一般说来，“死后生活”指的是不需要你原来的身体而继续生活。

我们很难知道自己是否有独立的灵魂。一切的证据都显示出：在人死去之前，有意识的生命完全依赖于神经系统的运行。如果我们只相信通常的观察，而不涉及宗教信条或通灵术之类，似乎没有理由相信死后生活的存在。但是，我们能否以此为理由，相信死后的生活并不存在？我认为是这样，但是大多数人宁可保持中立。

另外有一些人，可能出于宗教信仰就能够相信死后的生活，而不需要任何证据。我本人很难完全理解怎么会有人对这种纯出于信仰的观念深信不疑，但是显然有人能够做到，甚至认为这很自然。

让我们转向问题的另一个方面：我们应当以何种态度面对死亡？死是一件好事，一件坏事，还是一件不好也不坏的事？我并不是说对别人的死亡的想法，而是说如何能够理性地面对你自己的死亡。当你想到自己将来会死的时候，你是应当恐惧、悲伤、无动于衷还是如释重负呢？

这显然依赖于死亡的本性而定。如果有死后生活的话，那么你是应当高兴还是发愁，就得看你的灵魂去向何方。但是最为困难和最富有哲学趣味的问题是：如果死亡就是一了百了的话，我们应当对此持有何种态度？神魂俱灭是件可怕的事情吗？

关于这一点，人们看法各异。一些人会说，不再存在，化为乌有，对于死者来说已经没有什么好坏可言。另一些人会说，虽然人终有一死，但是一旦死去就是烟消云散，未来生活的一切可能性全都没了，这实在是最大的恶。但是也有人认为死是一种福分——当然并不是说早逝，而是指寿终正寝——因为永生不死虽然诱人，可到头来会无聊得让人无法忍受。

对于死者来说，无论一了百了的死亡是好是坏，它都必然是一种消极的善或者恶。换句话说，它是一片虚无，本身谈不上是否愉快。如果说它是好的，那么一定是因为它避免了某种坏事（例如无聊或痛苦）；如果说它是坏的，也一定是因为它失去了某种好事（例如在世时有趣的或愉悦的体验）。

但是现在似乎有一个问题：有人认为，死亡不可能有任何价值，无论是积极的或是消极的，因为一个不再存在的人既不能受益也不能受损——无论如何，即使是一种消极的善或恶也要发生在某个人身上才能成立。但是仔细一想就可以发现，这其实并不真正成问题。我们可以说：那个曾经存在过的人因死亡而已经受益或受损。例如，设想此人被困在一栋着火的楼里，因一根落下的房梁砸中他脑袋而立刻死亡。结果是他不用再忍受被活活烧死的极端痛苦。看起来，在这种情况下我们可以说，他这样马上死掉已属幸运，因为可以避免某些更坏的事情。此时死亡就是一种消极的善，因为死者不用再承受接下去几分钟内烈焰焚身的“积极的恶”了。虽然他已经不存在，不能享受到这消极的善，但是不能因此认为，对他而言这根本就不是一种善。“他”是指那个曾经活着的人，如果他当时没有立即死掉的话就会感受到这痛苦。

同样，你也可以说死亡是一种消极的恶。当你死去的时候，你生活中的一切好事都到此为止：美食、电影、旅游、聊天、爱情、事业、书籍、音乐等等这一切都不复存在。如果这些东西是好事的话，没有它们就是坏事。当然了，你不会想念它们的：你是死掉，而不是因为被关禁闭而享受不到这些。但是生命中一切好事因为生命的终结而终结，对于那个曾经活过、现在已死去的人来说，也明显是一种消极的恶。当我们所认识的某个人死去的时候，我们之所以感到悲伤，不仅是为了我们自己，也是为了他本人，因为他再也不能看到今天的阳光，也不能再闻到烤炉里的面包香了。

当你想到，自己死去的时候生命中的一切好事都会随之结束，这当然是一个令人懊恼的理由。但是事情不只如此。虽然大多数人总是希望好事多多益善，因而不希望死去，但是有一些人却认为，自己不复存在的前景本身就很可怕，这就很难用我们目前已经说过的内容去解释。没有你，世界照常运转，但是你会化为乌有，这种想法对他们来说是很难接受的。

我们不清楚这是为什么。我们都知道，在我们出生之前的漫长岁月里，世界如常存在，但是却没有我们，对此我们安之若素。那么，想到我们死后就不复存在，这又有什么可怕的呢？看起来，至少对很多人来说，过去不曾存在是无所谓的，但是将来不复存在却十分可怕。

对于死亡的恐惧和对于生命终结的懊恼并不是一回事，前者要更让人费解。我们希望有更长的生命，因而拥有生命中更多的东西，因此我们把死亡视为一种消极的恶，这很好理解。但是你自身不复存在的前景如何会在其本身的意义上显得如此可怕？如果死去就是不再存在，死后就什么也没有了，那么又有什么好怕的呢？从逻辑上来说，除非我们在死后将仍然活着，并且经历一些可怕的转变，否则就不能说死亡是可怕的。但虽说逻辑如此，还是有很多人认为，对他们来说最可怕的事情，就是从世界上彻底消失。

第 10 章

人生的意义

或许你曾经想过，万事皆不重要，无非过眼云烟，因为百年之后，你就归于尘土。这种想法甚是特别：虽然我们百年之后都会死去，但是如何能由此推出我们所做的一切都不重要呢？这一点尚不清楚。

这种想法似乎是这样：我们在名利场中你争我斗，想要达到自己的目标，让自己出人头地，但是除非这些成就是永恒的，否则我们所做的一切皆无意义。然而这些成就并非永恒。即使你写了一部伟大的文学作品，从今以后将会被传诵千秋万代，但是最后太阳系会寂灭，宇宙会达到热寂或者坍缩，你所做的一切也会烟消云散，不留痕迹。无论如何，即使只是身上一星半点的永垂不朽，都是不可企及的。如果说我们所做的事情有什么意义的话，我们也要在自己的人生中去寻找。

困难在哪里呢？你能够说清楚你所做的大多数事情目的是什么：你工作是为了赚钱养家糊口，吃饭是因为你饿了，睡觉是因为你困了，去散步或找朋友玩是因为你爱好如此，读报纸是为了知道在世界上发生了什么事。如果你不做这些事情，就会了无生趣。既然如此，又有什么问题呢？

问题在于，所有这些巨细活动、是非成败、进退沉浮都只是整体的人生的一部分；虽然我们在人生当中所做的大大小小的事，大都可以合情合理地加以解释和说明，但是用这种方式，却无法解释作为整体的人生。如果你把人生作为一个整体加以思考，看起来它根本就没有意义。跳出你自己的生命之外来看，假如你从未存在过，这也无关紧要。并且当你死去之后，你是否存在过也就没有什么区别了。

当然，你的存在对于其他一些人——例如你的父母和其他亲友——来说是很重要的，但是整体而言，他们的生命也是没有意义的。所以虽然你对他们来说很重要，但是这一点本身也是无关紧要的。你对他们很重要，他们对你也很重要，这让你觉得你的生命很有意义，但是说白了，你们也不过是自欺欺人而已。只要是一个活着的人，总会有一些需要和关怀，让他觉得他生活中特殊的人和事对他来说很重要。但是跳出来看，一切都无关紧要。

不过，就算一切都无关紧要，那又有什么要紧？你也许会说："那又如何？我是否能在火车开车前赶到车站，或者我是否记得喂我的猫咪，这对我来说很重要，而这就够了。这就是我的生活，我不需要别的什么也能活下去。"这个回答的确铿锵有力。但是，除非你从来不想这些根本性的问题，不去问人生整体有什么目的，这种回答才能奏效。而一旦你开始想这类问题，你也就触及了这种可能性：你的人生毫无意义。

当你想到自己百年之后，终归一死，这就把你的人生放在了一个更大的框架里，因此你人生中那些较小的事情看起来就微不足道了，因为它们似乎回答不了更大的问题。但是，如果你的人生整体和某种更伟大的东西发生了关联，那又如何？这是否意味着，说到底它并不是毫无意义的？

你的人生可以通过多种方式而具有更伟大的意义。你能够参加政治或社会运动，为了未来的世界更美好而奋斗。你也能够设法让自己的子女及其后代过上好日子。或者，你也可以在宗教中寻求到人生的意义，你可以把自己的尘世生活仅仅视为一种准备，准备好在未来的永生中和上帝在一起。

如果生命的意义在于和其他人之间的联系，即使是和千万年后的人的联系，我已经指出了其中的问题所在。如果说一个人的生活是作为某种更大东西的一部分才有意义，那么我们可以进一步追问：这个更大的东西，它又有什么意义呢？要么它和某种比它还要大的东西相联系，要么它就是最大的了。如果是前者，我们只需要重复同样的问题；如果是后者，那么我们对意义的探询就以某种本身没有意义的东西而告终。但是，如果说这个包含你生活的更大东西本身可以没有意义，那么你的生活本身为什么不能没有意义？如果说你的生活一定要有意义，那么为什么那个更伟大的东西可以没有意义？我们为什么不能打破砂锅问到底，说："所有这一切（人类历史、世代延续等等）究竟有什么意义？"

但是如果人生的意义在于宗教之中，问题就有些不同了。如果你相信生活的意义就在于满足上帝的意愿，回应上帝的爱，并且在永恒中见到上帝，那么就不好再问："这又有什么意义？"因为这似乎本身就有意义，并不需要在自身之外还有别的目的。但是正是因为这一点，它也有自己的问题。

"上帝"这个观念看起来可以解释其他一切，而自身不需要被解释。但是很难理解怎么会有"上帝"这个存在。如果我们问："为什么世界是这样的？"有人回答说："是上帝把它造成这样的。"我们就不禁要追问："为什么上帝要把它造成那样？"什么样的答案能够一劳永逸地满足我们的"为什么"的追问呢？假如说我们能够满足于某个答案，那么为什么不能满足于先前一个答案？

如果将上帝的意旨作为我们生活的价值和意义的最终解答，似乎也有同样的问题。"我们生活的目的就是为了实现上帝的意旨"这一观念似乎赋予生活以意义，而既不需要，也不允许有超乎其上的意义。人们不应该再问"上帝有什么意义"，正如人们不应问"为什么会有上帝"一样。

但是如果把上帝作为最终的解答，问题就在于这个观念令人费解。是否真的可能有某种东西包容世间万物，因而赋予它们意义，但是它本身却不能有、也不需要有任何意义？是否因为上帝是“至大无外”的，我们就不能从外部去询问上帝的意义了呢？

并且，如果上帝赋予了我们的生命以意义，我们却不能理解它，这也于事无补。将上帝作为最终的意义，正如将上帝作为最终的解释一样，只不过是给了这个一直萦绕着我们的问题一个无法理解的答案。另一方面来说，或许上帝的确是全部的意义，只是我不能理解这些宗教观念。或许相信上帝存在，也就是相信整个宇宙最终是可以理解的，只不过我们人类不能理解，只有上帝能理解而已。

先把这个问题放在一边，让我们回到人类生命这个较小范围的问题上。即使生命整体是无意义的，也不必为此担心。或许我们可以承认这一点，然后照样过我们的日子。要做到这一点，只需要更多地关注眼前的人和事，只从你自己的，以及和你有关的人的生活中去寻找意义，而不要跳出来看问题就行了。如果有人问你：“你活着到底是为了什么？”也就是说，无论你是一个学生、一个服务生还是别的什么人，你为什么要过这种生活？你可以这么回答：“这么问毫无意义。如果说我根本不存在，或者我对万事万物都漠不关心，这也无关紧要。但是我的确存在，并且有我所关心的东西，这就够了。”

这样的生活态度会让有的人感到十分满意，也会让有的人感到心灰意冷，但是也只能如此。部分原因在于，我们总是无可救药地把自己看得很重要，希望自己的人生整体从外在方面来看，也具有某种意义。如果说我们的人生整体毫无意义，我们就会感到失落，因为我们身上总有某种东西反躬自省，从整体上看待我们的所作所为。许多人活着不只是为了活下去和过得舒适，而是为了满足自己的雄心壮志，付出了种种艰辛努力，其心理动力往往就是来自于一种“重要感”。这种感觉就是：你所做的一切不只是对你来说才重要，在某种更大的意义上来说，它本身就很重要。如果我们放弃了这种重要感，我们就不再能鼓起前进的风帆。如果浮生若梦，万事无常，最终都归于尘土，那么也许我们的雄心壮志不过徒然为荒诞不经的玩笑而已。从另一方面来说，如果我们无可救药地执着于自己的意义，或许也只能安于自身的可笑。也许生命不仅没有意义，而且也是一出荒诞剧？

译后记

月前接到汤志恒兄的电话，约我移译 Thomas Nagel 的 *What does it all mean?* 一书。我读到此书后，很喜欢它简明易了、深入浅出而又不落窠臼的风格。在哲学启蒙书中，它既与一般所谓“入门”、“概论”、“大纲”之类的“正剧”写法迥异，也不同于《苏菲的世界》之类以情节取胜的“戏说”，而是直接面向基本的哲学问题，以对问题的探索来展现哲学自身的魅力所在。作者是美国著名哲学家，功力远在一般哲学工作者之上，而在此书中绝无崖岸自高、居高临下之态，娓娓道来，讨论辩难，如与读者当面亲切交谈一般，尤其令人感佩。它不但可为普通读者入门的津梁，就是对一般哲学爱好者乃至专业工作者来说，也不失为开卷有益的好书。因此，我不揣浅陋，接下了承担翻译这本书的任务。

译者研习哲学多年，本以为翻译此书问题不大，但一译之下，方感译事艰辛。由于面向的是非专业的读者，作者在写作此书时力求通俗易懂，不但将一切烦琐晦涩的专业“黑话”，如“substance（本体）”、“transcendental（先验）”、“category（范畴）”等等皆弃之不用，就是对“mind（心灵）”、“experience（经验）”、“meaning（意义）”等不得不使用的半专业用语的用法也相当灵活和自然，更凸现其在日常语言中的含义而非专业文献中的规定。如果套用汉语学界现成的定译，固然方便省事，亦非全不可通，然而原文中活泼自然的特点则不免丧失殆尽，本来对哲学知之甚少的读者更是会如堕五里雾中。因此在很多地方，译者不得不抛开许多原有的译法，根据上下文斟酌最恰当的汉语表达，有时对同一个词在上下两句中采取不同的译法，有时又要将不同的词翻成同一个，往往又与专业的译法相左。好在对于入门的读者来说，这一点并不构成阻碍，而即使是专业的读者，也大可听弦知音，不致有太多的误解。

这还只是词语层面的问题。从语段上来说，本书虽然没有一般哲学文本那种佶屈聱牙的句法结构，但是许多美语中习见的表达法与汉语读者的阅读习惯仍然出入甚大，因此某些原文中非常直白的句子如果直译成汉语，反而显得很拗口。所以有时，我不得不采取宽泛的意译，把整段话拆散了，又用汉语中正常的顺序重新拼接起来，同时还要保留原文中环环相扣的论证结构。同时，对于一些美国读者熟知，而对于中国读者来说未免生疏的例子，我也大胆地作了修改和替换。至于在风格上，我的倾向是和原文一致，尽量通俗和口语化，而不以追求文字的雅驯为鹄的。

本书的书名如何翻译也颇费思量。原文的书名“What does it all mean?”如果直译出来是“这一切到底意味着什么？”这当然是终极的追问，但是如果这样直译，不但啰嗦，而且费解。所以最后我决定另起炉灶，译为“哲学冒险”[1]。在我看来，这不但契合该书名的深意所在，也最好地界定了philosophize（哲学思考）的本性。当然这一点上大可见仁见智，本难完美。

本书原有台湾译本，题为《哲学入门九堂课》，译

1 我们这里冒昧没有采用译者的书名，而是考虑到本书对读者的吸引力，起名为“你的第一本哲学书”。——编者注

笔清雅，生动简洁，曾给了译者不少启发，在此谨致谢意。然而该版问题亦不少，体例殊乖，硬伤迭出，对于译者来说也是一种反面的借鉴。

作为一个读者，我未必同意作者在书中的所有论证，对于某些问题的提法也有不同意见，但从译者的角度来说，自当站在作者一边，设身处地为作者着想，在另一种语言中充当作者的代言人。从我个人的角度来看，本书的简明浅易虽是一大优点，对于不求甚解的读者来说或许反而会成为浅尝辄止的理由。作者在第一章中说："关于这些问题除了本书中所提到的，还有许许多多更为复杂和深刻的内容。"此正如朱熹在《近思录》序中说："若惮烦劳，安简便，以为取足于此而可，则非今日所以纂集此书之意也。"哲学的"冒险"永无止境，我也希望读者把本书作为继续冒险的出发点。也许在你的冒险中，你很快又会发现，在哲学中某些更奇异的国度，这些问题有时候和本书中所勾勒的概貌也会大不相同。

宝树谨识

9月8日　于西山蜗居

图书在版编目（CIP）数据

你的第一本哲学书 /（美）托马斯·内格尔著．宝树译．-- 北京：中信出版社，2016.10（2025.9 重印）
书名原文：What does it all mean?
ISBN 978-7-5086-6679-2

I. ①你… II. ①托… ②宝… III. ①哲学－通俗读物 IV. ① B-49

中国版本图书馆 CIP 数据核字（2016）第 215743 号

你的第一本哲学书

著　　者：[美] 托马斯 · 内格尔
译　　者：宝树
出版发行：中信出版集团股份有限公司
（北京市朝阳区东三环北路 27 号嘉铭中心　邮编　100020）
承 印 者：北京通州皇家印刷厂

开　　本：787mm×1092mm 1/32　印　　张：3.75　字　　数：45 千字
版　　次：2016 年 10 月第 1 版　印　　次：2025 年 9 月第 35 次印刷
京权图字：01-2015-8272
书　　号：ISBN 978-7-5086-6679-2
定　　价：38.00 元

服务热线：400-600-8099
投稿邮箱：author@citicpub.com